Chinese History for Teenagers
少年中国史

华夏第一帝国

秦

佟洵　赵云田·主编

④

北京理工大学出版社
BEIJING INSTITUTE OF TECHNOLOGY PRESS

版权专有　侵权必究

图书在版编目（CIP）数据

华夏第一帝国：秦 / 佟洵，赵云田主编. —北京：北京理工大学出版社，2020.6　（2021.2重印）
ISBN 978 - 7 - 5682 - 8296 - 3

Ⅰ. ①华… Ⅱ. ①佟… ②赵… Ⅲ. ①中国历史 – 秦代 – 少年读物 Ⅳ. ①K233.09

中国版本图书馆 CIP 数据核字（2020）第 049845 号

华夏第一帝国

秦

出版发行 / 北京理工大学出版社有限责任公司
社　　址 / 北京市海淀区中关村南大街5号
邮　　编 / 100081
电　　话 /（010）68914775（总编室）
　　　　　（010）82562903（教材售后服务热线）
　　　　　（010）68948351（其他图书服务热线）
网　　址 / http://www.bitpress.com.cn
经　　销 / 全国各地新华书店
印　　刷 / 河北盛世彩捷印刷有限公司
开　　本 / 710 毫米 × 1000 毫米　1/16
印　　张 / 11.5　　　　　　　　　　　　　　责任编辑 / 顾学云
字　　数 / 184 千字　　　　　　　　　　　　文案编辑 / 朱　喜
版　　次 / 2020 年 6 月第 1 版　2021 年 2 月第 6 次印刷　责任校对 / 周瑞红
定　　价 / 31.00 元　　　　　　　　　　　　责任印制 / 边心超

图书出现印装质量问题，请拨打售后服务热线，本社负责调换

前言

中国社会科学院研究员　曹凯风

公元前221年，秦王嬴政灭掉了战国群雄中最后一个齐国，结束了自春秋起500年来分裂割据的局面，建立了一个以咸阳为都城的幅员辽阔的帝国。其疆域东起辽东，西至玉门关、陇西，北抵长城，南达越南北部及中部一带，是中国历史上第一个统一的多民族的中央集权的封建国家。

首先，嬴政确立了皇帝制度。他认为"王"不足以显示自己的权威，自以为功高"三皇"，德过"五帝"，便兼采二者尊号而合为"皇帝"，自命是秦"始皇帝"，子孙将是二世、三世，以至无穷。为了使皇权独尊，他废除谥号，规定皇帝自称曰"朕"，命为"制"，令为"诏"，以示和群下区别。

其次，秦始皇还采取了一系列巩固统一的措施，构建起了有效的统治管理全国的政治体制，主要内容有：一是建立以皇帝为核心的中央集权制度。中央由丞相、太尉、御史大夫等三公分掌政务、军务及监察，地方上实行郡县制，分天下为三十六郡，后来增至四十一郡，郡下设县，县下又有乡、亭、里等基层组织。这样，全国由上到下均置于皇帝的严密统治之下。二是实行法治。秦始皇统一六国以后，以秦律为基础，参照六国律，制定了全国通行的法律，法律条文十分细密、严苛，还沿袭了商周时代的很多酷刑。三是统一货币、度量衡，制定新的土地制度。废止战国时各国形制和轻重大小各不相同的货币，改以黄金为上币，以秦国旧行的圆形方孔铜钱为下币，用商鞅时制定的度量衡标准器来统一全国的度量衡。规定六尺为步，二百四十步为亩，按亩纳税，以军功授爵赐予土地，由国家法令具体指导农业生产。使黔首自实田，在全国范围内正式承认土地私有制。四是统一文字，把简化了的字体小篆作为标准字体，通令全国使用。五是焚书坑儒。公元前213年，秦始皇规定除了秦国的历史记载，一切史书都烧掉。民间所藏，除医药、卜筮、种树之书外，其余《诗》、《书》、百家语全部焚毁。谁要是再谈论《诗》《书》，就杀头，以古非今的人则满门抄斩。次年，一些方士和儒生背后议论秦始皇贪权专断、滥用刑罚，秦始皇加以追查，下令搜捕对朝廷不满的儒生，一共捉到460人，全部加以活埋。

此外，为了减少匈奴等北方少数民族的威胁，秦始皇派大将蒙恬以30万大军北击匈奴，并在原先六国修建城墙的基础上加以连接、修复，修建起万里长城。他还命大将屠睢等率50万大军，发动了征服岭南越族的战争，命人开凿沟通湘水和漓水的灵渠以接济运输。秦始皇还派遣大量的民夫为其修建工程浩大的宫殿及陵墓，修筑以咸阳为中心、通往全国各地的驰道。他通过驰道多次巡游天下，一方面祈求天地福泽，另一方面向天下人显示皇帝的威严。

秦始皇当政期间，徭役不断。当时，秦朝约2000万人口，其中建皇陵者150万，守五岭者50万，北防御匈奴者30万，筑长城者50万，再加其他，总数不下300万，占总人口的近百分之十五。人力资源消耗殆尽，农业等其他经济活动人力不足，不能正常发展。公元前210年，秦始皇帝死，其子胡亥即位，是为二世。秦二世昏庸无道，听信奸臣赵高，加之徭役繁重、刑法严苛，致使人民不满，各地纷纷起来反抗。公元前209年，陈胜、吴广揭竿而起；公元前209年，项羽、刘邦等人纷纷起兵，巨鹿一战，秦军大败。赵高逼二世胡亥自杀，立子婴为秦王。子婴杀赵高。公元前206年，刘邦进攻咸阳，子婴出城降，秦朝统治就此灭亡。自秦始皇嬴政至秦三世子婴，共传二帝一王，享国15年。

秦朝的历史虽然短暂，但它对后世的影响极其深远。秦始皇统一中国，奠定了中国版图的基础。他建立的中央集权制度，基本上为后世历代王朝所继承。秦代修建的万里长城，至今仍是世界建筑史上的奇迹。当然，秦朝繁重的徭役、苛刻的刑法、残暴的统治，尤其是焚书坑儒，并未收到预期的效果。这一切，都加速了秦朝的灭亡。

目录

少年中国史

秦

- 天佑嬴姓 / 10
- 宿敌西戎 / 14
- 强国之路 / 18
- 商鞅变法 / 24
- 昭王雄略 / 30
- 异人归秦 / 36
- 嫪毐之乱 / 38
- 丞相不韦 / 40
- 一言取城 / 44
- 李斯用事 / 46
- 吞晋逐燕 / 50
- 扫平天下 / 54
- 制定帝号 / 58
- 郡县之制 / 60
- 开国建制 / 66
- 众役并兴 / 70
- 封禅之行 / 72
- 巡行危厄 / 74
- 北击匈奴 / 78
- 南平百越 / 82
- 焚书之议 / 84
- 寻仙坑士 / 86
- 沙丘帝崩 / 90
- 胡亥窃位 / 92
- 发丧弑兄 / 96
- 屈杀蒙氏 / 98
- 严格的兵制 / 102
- 屠戮贵戚 / 108
- 赵高专政 / 110
- 陈胜起义 / 112

义兵蜂起 / 118

李斯灭族 / 122

秦兵平叛 / 126

怀王遣将 / 128

巨鹿之战 / 132

胡亥自杀 / 136

子婴被俘 / 138

鸿门宴会 / 144

项王分封 / 148

● **神秘的天下第一宫** / 152

田荣反楚 / 154

汉王定秦 / 156

荥阳之围 / 160

成皋鏖兵 / 164

龙且之死 / 166

黥布背楚 / 168

鸿沟之盟 / 170

利诱诸侯 / 172

垓下绝唱 / 174

● **秦和孔雀帝国** / 180

● **中外大事年表对比** / 182

秦

前221年—前206年

前892年—前886年

帝舜曰:"咨尔费,赞禹功,其赐尔皂游。尔后嗣将大出。"……舜赐姓嬴氏。

——《史记·秦本纪》

天佑嬴姓

秦的先祖为三皇五帝时期的伯益,得赐姓嬴氏。殷商时,嬴氏后裔中滴成为大夫,其子蜚廉,其孙恶来、季胜。武王克殷时,恶来被杀。蜚廉一系在此时分为两支,恶来之子孙为秦国之祖,其弟季胜为赵氏之祖。

始祖
伯益

开基之君
非子,号秦嬴

封邑
秦邑(今甘肃张家川瓦泉村)

受封时间
周孝王(前892年—前886年)时期

政治地位
西周附属国

圣人先祖

《史记·秦本纪》中记载:"秦之先,帝颛顼之苗裔孙曰女脩。女脩织,玄鸟陨卵,女脩吞之,生子大业。大业取少典之子,曰女华。女华生大费,与禹平水土。"文中,帝颛顼即高阳氏,高阳之父为昌意,昌意者,黄帝次子也。大费,即伯益,亦称益。也就是说,秦君的祖先是高阳孙女女脩,女脩纺织时偶然吞下鸟卵而孕,生大业,大业生女华,女华生伯益。

20世纪80年代,秦景公墓出土的石磬中有篆刻铭文曰"高阳有灵,四方以鼐",意为赖高阳在天之灵,国家太平无事,可知高阳是秦君的先祖。但女脩吞鸟卵有孕生子,继而有孙伯益,这有悖科学。根据古人对《列女传》《帝王世纪》等杂史的注解来看,伯益之父是皋陶,皋陶则是高阳八位最贤德的儿子之一。所以后世姓氏为秦、赵者,皆称高阳后裔,而尊伯益为始祖。

商·玉凤
商王武丁时期玉器。1976年河南安阳殷墟妇好墓出土,现藏于中国国家博物馆。

皋陶、伯益塑像
位于山东禹城市禹王亭博物馆内。

伯益善于调驯鸟兽，传说能知晓鸟语，帮助大禹治水有功，舜帝论功，封伯益以"虞"官，掌管山泽，赐之皂游（旌旗上的黑色飘带），将姚姓之女（姚姓始于舜帝，此女当为舜帝同族）许配给他，说"你的子孙将昌盛"，并且赐姓嬴氏。

舜帝禅让大禹之后，皋陶、伯益一同辅佐大禹，大禹本想未来禅位于皋陶，但皋陶早亡，后来大禹禅位于伯益。伯益不敢践首领位，大禹之子启继父位，不久，启杀害伯益。

商周宠臣

伯益生二子：其一是大廉，又称鸟俗氏；其二是若木，又称费氏。其后，两支子孙既有在中原生活的，也有散居犬戎等游牧部族之中的。费氏有玄孙叫费昌，生活于夏、商之交，夏朝末代国君桀无道，费昌因此投奔商汤，为商汤驾车。商汤伐夏桀的鸣条之战中，费昌立有功劳。而大廉的玄孙孟戏和中衍是"鸟身人言"，据此推断，可能是二人身体某些部分特征类似鸟而已。商朝国君太戊听闻二人之奇，命巫占卜，得吉卦，于是使孟戏和中衍为自己驾车，并赐妻给两兄弟。自太戊之后，费氏及中衍的子孙世代侍奉殷商，累有功劳，嬴氏由此日渐显贵于殷商。

到了商朝末年，嬴氏后裔中潏成为大夫，为商朝守卫西方边境，后亲附于周。中潏之子蜚廉善于奔跑，蜚廉之子恶来力大，父子俱为殷纣王所宠信，而纣王的佞臣费仲，亦为嬴氏子孙。周武王伐纣时，恶来为纣王战，周兵诛之。当此之时，蜚廉正在霍太山（霍山，今山西霍县东南）为纣王督制石棺椁，待他回到朝歌时，纣王已死，天下已属周。蜚廉感于纣王之恩，又返回霍太山，立坛于山上，停石棺于坛上，以祭纣王。之后，蜚廉守山而居，直至去世。

除了恶来，蜚廉还有一个儿子叫季胜，季胜生子孟增，孟增得周成王知遇，遂仕周，生衡父，衡父生造父。造父如其先祖一样，善于驾车，成为周穆王的御车长。穆王向西巡狩到今甘肃酒泉市附近时，位于今安徽一代的徐国举兵作乱，造父为穆王驾车疾驱东方平叛，史书云，造父驾车一日行千里，为这次平叛立下了大功。穆王封赏，将赵城封给造父，造

造父塑像
造父，嬴姓，伯益的后代，蜚廉五世孙，中国历史上著名善御者。赵国的祖先，是颛顼、少昊的后代，将盗骊、骅骝、绿耳等宝马献给周穆王。相传周穆王让他驾车，西巡狩，见西王母，周穆王乐而忘归。后来，徐偃王反周，周穆王日驰千里，大破徐偃王。于是将赵城赐给造父，从此造父为赵氏。

父一族由此姓赵，其后建立赵国。而恶来被周诛杀后，留下一子叫女防，女防生旁皋，旁皋生太几，太几生大洛，大洛生非子。大洛一族因造父受宠之故，亦蒙恩入居赵城，为赵氏。

复姓开宗

非子是大洛的庶子，善于豢养牲畜，居于犬丘（今甘肃礼县红河、盐官一带），与西戎相邻，以养牧为业。周孝王从犬丘人处听说了非子之才后，召非子在汧水和渭水流域放养官马，马匹大为增加，于是，非子得到了孝王的宠信。孝王想要立非子为大洛的嗣子，而大洛的嗣子赵成是申侯之女所生，因嫡而贵。申侯担心孝王让非子取代赵成的嗣子地位，遂进言说："当年臣之先祖与嬴氏通婚，生下中潏，归于周，守卫国家西界，边境以宁。今臣家复与大洛联姻，生赵成。我两家二世婚配，和睦西戎，使犬

戎臣服于朝廷，大王乃得社稷无虞，愿大王思之。"孝王考虑后，说："当年伯益为舜帝调驯禽兽，牲畜大为增加，故因功受封爵土，赐姓嬴氏。今其后世子孙为我养马，亦立功劳，我当裂土封之，以为周之附庸。"于是，孝王封非子于秦邑（今甘肃张家川瓦泉村），复姓嬴氏，号曰"秦嬴"。而为了安抚申侯，以维护与犬戎和睦相处的局面，赵成还是大洛的嗣子。

嬴氏经过了得姓、衰微、复兴、改姓、分裂等一系列变故后，终于以一人继承姓氏，开宗立户，非子的子孙从此踏上了秦国建立之路。

非子去世后，其子秦侯继承爵位，秦侯在位十年而亡。秦侯之子公伯即位，公伯在位三年而亡，其子秦仲即位。秦仲即位之时，周厉王为天子，昏乱无道，诸侯多有背叛。此时，犬戎日盛，越过周朝西境作乱，将秦仲居于犬丘的同族（大洛的后人）吞灭。秦仲十八年（前827年），周宣王登基，宣王励精图治，选拔贤能，以秦仲为大夫，统兵西讨犬戎，然而五年后，秦仲不幸被犬戎杀害。

在图存与建国的征程上，犬戎成为横在秦人肋下的一柄利斧。

颛顼、帝喾陵棂星门
位于河南安阳内黄县梁庄镇，据史料记载，汉代建陵，唐代立庙，宋代修缮，金代重修，后经元、明、清历代多次修葺。

前821年—前623年

三十七年，秦用由余谋伐戎王，益国十二，开地千里，遂霸西戎。

——《史记·秦本纪》

宿敌西戎

五兄弟以一城控辖之地，为父报仇，艰难地守住了家业。天子率领贵族东迁，秦国名义上成为诸侯，但封地全部被西戎占领，为了建国，为了生存，一代代秦君只有不断地向强大的西戎进攻。

开国之君
秦襄公

国号
秦

开国时间
公元前771年

封疆
岐山（今陕西岐山东北）以西之地

形势
封国疆土被西戎所占领，敌强我弱

转折
秦穆公得到由余

胜败
秦击败西戎，完全占有封疆

秦·鹿纹瓦当

鹿纹瓦当多出土于陕西凤翔一带，此地古称雍，由秦德公在此建都。鹿纹反映了先秦时期秦人居住的地理环境和秦人早期的游猎生活。现藏于咸阳博物馆。

进军岐山

秦仲被杀后，留有五子，其长子即位，是为秦庄公，其时为前821年。周宣王任命庄公兄弟五人为将，率军7000人攻犬戎，成功收复犬丘。于是，宣王以庄公为西垂大夫，为周守卫西方边境。

庄公镇守犬丘，直接面对凶悍的犬戎部落，危机时刻存在。庄公长子世父为人孝勇，将世子之位让给弟弟，向庄公请命说："犬戎杀我祖父，不杀戎王，誓不归城！"于是世父挑选勇士驻扎在外，择机进攻犬戎。

44年后，周幽王宫湦（shēng）四年（前778年），庄公去世，世父之弟即位，是为秦襄公。鉴于犬戎势盛，为获得喘息之机，襄公采取和亲政策，将妹妹嫁给犬戎一支部落的酋长丰王。然而犬戎洞察襄公用和亲分化犬戎之谋，遂发兵包围犬丘，世父率军驰援，为犬戎所擒。一年后，犬戎释放世父，犬丘之围亦解。

此时，周幽王在位，烽火戏诸

秦·垂鳞纹秦公铜鼎

1993年出土于甘肃礼县城东大堡子山遗址，现藏于甘肃省博物馆。经专家考证大堡子山遗址为秦西垂陵园，此墓为秦襄公夫妇或其子秦文公夫妇的陵墓。铜鼎腹部饰三周垂鳞纹，器身内壁刻"秦公作铸用鼎"，是迄今所知年代最早的秦国青铜器。

侯，废长立幼，多行无道，众多诸侯叛周，而犬戎垂涎虎视。周幽王十一年（前771年），申侯联合犬戎攻陷镐京（位于今陕西西安），杀幽王，周国大乱。襄公立即率兵勤王，拼死力战，与诸侯拥护幽王太子宜臼即位，是为周平王。为避犬戎，平王迁都洛邑（今河南洛阳），襄公以兵护送。平王为赏襄公功勋，正式封襄公为诸侯，将岐山（今陕西岐山东北）以西的土地全部赐给秦国，然而这片土地此时已全部落入犬戎之手。因戎族这部分部落占据周的西方和西北方，所以又称之为西戎。

襄公列为诸侯后，秦国生存空间异常狭窄，关中地区的周朝故地大部分被犬戎占领，秦国完全处于西戎的包围之中。襄公伐西戎至岐山时去世，襄公子即位，是为秦文公。文公积极扩充武力，努力向中原诸侯学习礼乐典章，设立史官记事，建立法度，收留西周遗民，大力发展农耕，营建城邑，秦国渐渐步入邦国正轨。文公在位50年，通过对西戎的持续战争，将国土扩张到岐山脚下。

周桓王四年（前716年），文公去世，太孙即位，是为秦宁公。宁公自郿邑（今陕西眉县东北）迁都平阳（今陕西眉县），在位12年去世。宁公去世后，秦发生内乱，6年后太子方得立，是为秦武公。

称霸西戎

周僖王四年（前678年），武公之弟即位，是为秦德公。德公迁都于雍城（今陕西凤翔），在位两年去世。德公生三子，长

周·铜耸肩尖足大空首布

空首布是春秋战国时期周王室与晋、郑、卫等国铸行的一种金属货币，也是中国最早的金属铸币之一。空首布是先秦四大钱系之一布币体系的分支。西周末始铸，春秋晚期以后盛行，前221年被秦始皇废止。

子宣公，次子成公，少子穆公，兄弟三人先后即位。穆公即位时，秦东邻于晋，西邻于戎，俱强于秦。晋献公去世后，晋国持续了将近20年的内乱，穆公善用贤臣猛将，与晋联姻，国力日盛。

西戎之王闻穆公善于治国，使其谋臣由余入秦观虚实。由余至，穆公带其参观宫殿仓储，夸示国力之强。由余不屑道："这些虚有其表的东西，使鬼为之，鬼也感到疲劳，使人为之，那便是百姓的苦难。"穆公微一错愕，问："中原诸侯都遵循礼乐法度为政，犹有动乱，戎狄连礼乐法度也没有，想要治理好国家，岂不是更加困难？"由余笑道："这正是中原各国时常动乱的根由。自从上古圣君黄帝创制礼乐法度，各代圣君身先示范，仅仅可以小治天下。到了后世，居于上位的君主、贵胄，日益骄奢淫逸，清己身于律法之外，却以法严责于臣下百姓，久之，臣下百姓未尝不怨怼居于上位者不能施行仁义。于是上下互相怨恨，便最终导致了篡位弑君、屠家灭门这类事件的发生。但夷狄却完全不是这种情况，夷狄的君主都是以真挚的诚意对待臣下，臣下都以纯洁的忠信来侍奉君上，治理偌大的一个国家就像调理一个人的身体那样简单，国家自然而然地就治理好了，这才是真正的圣人之治啊！"穆公闻由余之说，知其贤，为之心忧。

会见结束后，穆公对内史说："我听说邻国如果有贤臣，就是敌国的大患。如今由余贤能，并为戎王所用，大不利于我，怎么办？"内史献计道："西戎王所居之地偏僻落后，从来没有消受过中原的享乐。我们可以选一些美艳的乐妓送给戎王，戎王必会沉醉其中，同时我们再求戎王让由余延留我国一段时间，以疏远他们君臣之间的关系，而后我们留由余到超出约定的日期再放他回国，到时戎王心里一定会责怪和怀疑由余。只要他们君臣之间有了嫌隙，我们便能趁机得志。"穆公称善，依计而行。

秦以绝色乐妓16人进献戎王，名曰借其欣赏，戎王大悦，沉溺其中，但由余终年不还。后来，穆公礼送由余归西戎，由余见戎王怠于政事，沉浸女乐，数进谏，戎王不纳。穆公知之，多次使人离间由余与戎王，并邀由余投秦。由余失望之下，投降于秦。穆公得由余大喜，以客礼待之，求问伐戎之策。秦穆公三十七年（前623年），在由余的帮助下，穆公发兵伐戎，一举灭掉12个西戎邦国，扩地千里，雄霸西戎。从此，秦国周围戎狄部族再也不能对秦国构成严重威胁，随着穆公之后的历代秦君对西戎部族的蚕食，到了秦昭王时，西戎部族的土地已尽数并入秦国，未能北徙的戎族亦融入华族。

吹箫引凤
明代仇英绘，现藏于北京故宫博物院。故事取自汉刘向《列仙传》，述说春秋时秦穆公之女弄玉善吹箫，与亦精吹箫的仙人箫史结为夫妇。穆公筑凤台，两人吹箫引来凤凰，后双双乘龙凤升天而去。此图即描绘弄玉在凤台吹箫，引来凤凰的情景。

前387年—前311年

七年，公子卬与魏战，虏其将龙贾，斩首八万。八年，魏纳河西地。

——《史记·秦本纪》

强国之路

秦国虽然在地位上与中原诸侯平等，但因被强大的晋国扼住向东发展的咽喉，只能偏居关中地区，所以被诸侯们歧视如夷狄。隐忍将近百年之后，秦国终于趁着晋国内斗之机，用30年时间一跃成为强国。

前期形势
晋国称霸，秦国丧失河西之地

振兴之主
秦孝公

强国策略
商鞅变法，迁都咸阳

崛起事件
击败魏国，夺回河西之地

称王之君
秦惠文王

善用谋略
张仪连横之计

重大战略成就
吞并蜀国

复兴之志

秦穆公在位时，晋文公为霸主，此后晋国维持了将近百年霸权。受到东邻晋国强势压制，秦穆公去世后，后世即位之君康公、共公、桓公、景公、哀公、惠公、悼公、厉公、躁公、怀公、灵公、简公、惠公，治国才略皆远逊穆公，且秦国时有内乱，不仅被晋国占去河西之地（今陕西关中东部黄河、洛河之间的地区，大致包括今大荔、合阳、韩城），而且西戎之属义渠国亦成为秦国的心腹之患。惠公之世，已是春秋晚期，天下强国唯齐、楚、晋，以强吞弱愈演

秦孝公雕像
秦孝公（前381年—前338年），嬴姓赵氏。《史记索隐》记载名渠梁。战国时秦国国君，秦献公之子，在位24年，谥号为孝。秦孝公重用卫鞅（商鞅）实行变法，奖励耕战，并迁都咸阳（今陕西咸阳东北），建立县制，开阡陌，在加强中央集权的同时，不断发展农业生产。对外，秦与楚和亲，与韩订约，联齐、赵攻魏国都城安邑（今山西夏县西北），拓地至洛水以东，自此国力日强，为秦统一六国奠定了基础。

愈烈。后来赵、魏、韩三家分晋,诸侯各图强国之术,唯秦偏居关中,国家弱小,被诸侯们看作落后的"夷狄"。

秦惠公七年(前387年),简公之子惠公去世,其子出子即位。次年,大臣拥立灵公之子献公即位,献公杀出子及其母。献公有振兴国家的志向,即位次年,向东迁都至栎阳(今陕西西安阎良区),废除活人殉葬的制度。经过20年的治理,献公扭转了秦国的衰颓之势,国力渐渐强盛。

秦献公二十一年(前364年),为夺回河西之地,献公发兵攻晋,直接作战对象是魏。两军大战于石门(今山西运城西南),魏军被斩首6万之众。这一次胜利,是秦共公以来,秦军对晋作战取得的最大胜利。两年后,秦军再次进攻,与魏军战于少梁(今陕西韩城西南),魏军大败,连主帅公叔痤(后为魏国相国)也被俘虏。虽然献公没能夺回河西之地,但秦国却从此宣告重新崛起。

秦献公二十三年(前362年),献公去世,其子孝公即位,时年21岁。孝公继承父志,修德布惠,振恤孤寡,扩军备武,明于赏罚,殚精竭虑振兴国家。当时,齐、魏争相延揽天下贤才,孝公亦下求贤令,曰:"当年我穆公立足于岐山、雍山之间,修德行武,东平晋乱,以河为界,西霸戎翟,拓地千里。天子赐爵为伯,诸侯毕贺,遂开后世基业,何其光耀!厉公、躁公、简公、出公以来,国家困于内忧,未能顾及外患,三晋攻夺我历代先君辛苦经营的西河地,而诸侯莫不轻视秦,实在是

秦公一号大墓发掘现场
位于陕西宝鸡凤翔县。秦公大墓是中国已发掘的最大的土圹墓,为倒金字形。根据石磬上的文字推断墓的主人为秦景公。

///// 少年中国史

商鞅雕像
商鞅（约前395年—前338年），汉族，卫国（今河南安阳内黄梁庄镇一带）人。战国时期政治家、思想家，先秦法家代表人物。姬姓，卫氏，又称卫鞅、公孙鞅。

耻辱啊！献公即位，抚慰边将，想要向东用兵收复失去的国土，重振穆公的威德。我思念先君之意，非常痛心。宾客群臣如有良策能使秦国强盛的，吾必赐以高官厚禄，不吝列土分封。"与此同时，发兵东出包围陕城（今陕西韩城市），挥师西征西戎，斩杀獂王。

商鞅强秦

卫国人商鞅做客于魏国，为魏王所轻视，闻孝公求贤，遂西行入秦。商鞅至秦，孝公宠臣景监是其故人，景监向孝公举荐商鞅，商鞅与孝公初见，孝公直入主题，向商鞅请教强国之策。商鞅对之以尧舜大禹治世之道，喋喋不休地说了很久，孝公听得直打瞌睡。商鞅退出后，景监进来，孝公怒责道："你的这个门客简直在那胡说八道，岂堪大用！"景监告罪退出后，便责怪商鞅。商鞅解释道："我向秦公讲授帝道，看来他志不在此啊。"

景监接着又向孝公推荐商鞅。五日后，商鞅再次觐见孝公，用了比上次还长的时间讲述商汤周武之道，孝公厌烦。商鞅退出后，孝公责怪景监，景监责怪商鞅，商鞅解释道："我向秦公讲授王道，看来他也志不在此。请再为我求见秦公。"

景监遂继续向孝公举荐商鞅。不久，商鞅又觐见孝公，这次他讲述齐桓、晋文之事，孝公一直认真地听他讲完。商鞅退出后，孝公对进来听结果的景监说："你的门客果然很有才，可以和他共论大事。"景监出宫见到商鞅后将孝公的态度相告，商鞅毫不意外地说："我这次向秦公讲授的是霸道，他的志向正在于此啊！"不多时，商鞅又觐见孝公，这次孝公听得更是津津有味，倾着身子，连膝盖都不知不觉间移出了座席，如此一连数日，二人极尽欢语。

景监见孝公对商鞅前后态度差异如此巨大，便问商鞅何故，商鞅笑道："我之前为秦公讲述帝王之道，秦公说：'那些事都太久远了，行帝王之道要用很长时间才能成功，我是等不及的。我觉得作为一个贤明之君，都想自己在世的时候就能显名诸侯威震天下，哪能一候数十百年之久呢？'所以我便向秦公讲授能够迅速实现强国之梦的霸道和霸术，秦公因此大悦。但是用此道成功之后，肯定是难以比拟商周之盛的。"

商鞅得到孝公的委任后，在秦国厉行变法，秦国迅速变强。当此之时，魏惠王与齐威王争霸，孝公乘机遣商鞅攻魏。在16年（前354年—前338年）里，秦、齐从东西两个方向夹击魏国，结束了魏国的中原霸权地位，秦国东出的大门从此彻底打开。孝公在位时，夺回大片河西之地，并将都城向东迁徙至咸阳。

孝公去世后，惠文王（前325年由秦公改称秦王）即位，时年19岁。惠文王继续对魏用兵，秦惠文王八年（前330年），秦公孙衍与魏战于雕阴（今陕西甘泉南），斩杀魏军8万人，魏国不得不将河西之地完全割让给秦国。由此，诸侯皆震恐，苏秦因势而出，游说诸侯合纵以抗秦，而张仪入秦，行连横之策以离间六国。第二年，韩、赵、魏、燕、齐五国联合匈奴攻秦，秦军反击，诸侯联军阵亡8.2万人，大败而去。与此同时，秦军北征西戎义渠国，义渠王称臣，从此仆从于秦，秦稍后取其城为属县。

秦惠文王铜雕像
秦惠文王（前356年—前311年），一称秦惠王，嬴姓，赵氏，名驷，秦孝公之子。

灭蜀图周

这时，秦国的急剧扩张走到了一个十字路口，面临着继续向东进攻三晋还是向南进攻西蜀的选择。张仪主张联合魏国和楚国进攻韩国，夺取战略重地三川（东周以伊水、洛水、黄河为三川，秦后来夺取此地置三川郡），兵临东周城下，迫使周天子交出地图、户籍及象征王权的九鼎，进而挟天子以令诸侯，如此可成霸业。他认为蜀国乃蛮夷之邦，得其土地人民根本无益于谋求霸业。将军司马错则力主攻蜀，他对惠文王说："臣闻富国之策在于开拓疆土，强兵之计在于使百姓富足，欲成王业者必广施德惠。

周·巴蜀上下胡十字戈
春秋战国时期的青铜兵器，为春秋战国时代巴蜀地区流行式样；秦惠文王更元十年（前316年）秦灭巴蜀后绝迹。

三者齐备，大业方能成就。今大王地小民贫，故臣主张先做容易之事。蜀国，西方偏鄙之邦，蛮夷为王，如今又有桀、纣一样的乱政，以秦攻之，譬如驱豺狼而逐群羊。吞并它，足以增加我国土地，得到它的赋税，足以富我百姓，大军压境，不用拼死战斗就能迫使其投降。所以，秦吞并一国，而天下人不会认为我们残暴，独自占有一国的财富，而诸侯却不会指责我们贪婪。现在如果进攻韩国进而威胁天子，就会令秦背负上恶劣的名声，且未必能得到想要的利益。顶着不义的名声，去进攻诸侯都不希望我们进攻的目标，势必会让国家陷入与天下为敌的险恶境地！周毕竟还是天下诸侯的宗主，齐、韩两国都是它的盟友。周知道将受到秦兵的攻击，将会失去象征王权的九鼎，韩知道将守不住三川之地，二国必定会联合起来想出抗拒秦国的谋略，所以必定会与赵、齐结成同盟，同时向魏和楚求和。将九鼎送给楚，将重要的城池割让给魏，那么楚和魏也定然会接受，到时大王并没有能力能够阻止。这就是我所说的秦将陷入与天下为敌的险恶境地，所以臣的意见是不如进攻蜀国。"惠文王听后大赞，决计攻蜀。

伐蜀之战一如司马错所谋，秦兵入蜀，很快灭亡蜀国。蜀有沃野，从此成为支持秦国持续发动兼并战争的大粮仓。灭蜀后，秦国担心强大的楚国对蜀地的威胁，惠文王遂遣张仪出使楚国，假意割地结好，令楚怀王与齐国绝交，楚怀王知道被骗后，发兵攻秦，为秦军所败，亡地600余里。秦攻占楚国汉中之地，置汉中郡（今陕西汉中）。从此秦国又取得了对楚国的战争主动权。

惠文王更元十四年（前311年），惠文王去世，太子立，是为武王。武王不喜张仪，将张仪逐出秦国，但武王的志向却与张仪当初的主张很一致，就是攻取韩国控制三川的宜阳县（今河南宜阳），兵临东周。丞相甘茂赞成武王之略，率军跋涉千里以攻宜阳，围城5个月而不克。武王排斥大臣撤兵之言，发兵驰援甘茂，终于攻下宜阳。从此，东方六国尽数对秦采取守势，秦国建立起无可挑战的霸权。

司马错铜雕像
司马错，生卒年不详，秦国少梁（今陕西韩城南）人。秦惠文王更元十年（前316年），司马错率军灭亡蜀国。秦昭襄王二十七年（前280年），司马错率领陇西军南下进攻楚国，迫使楚国献出汉水以北和上庸（今湖北西北部）之地。

春秋·秦公镈

春秋时期击奏体鸣乐器，收藏于宝鸡青铜器博物院。其上有铭文135个字，可知秦公镈是秦武公祭祀祖先的礼器，铭文中提到了秦襄公、秦文公、秦静公、秦宪公四代世系，着重讲述了秦襄公被赏宅受国之事。对研究秦代先祖的历史极为重要，也有助于了解春秋早期秦地的青铜铸冶技术及音乐文化。

▶ 前359年—前340年

论至德者不和于俗，成大功者不谋于众。是以圣人苟可以强国，不法其故；苟可以利民，不循其礼。

——《史记·商君列传》

商鞅变法

为了改变秦国贫弱的局面，秦孝公发布求贤令，面向整个天下搜罗人才。卫鞅入秦，通过景监先后三次入见秦孝公，终以霸道之术游说。秦孝公大悦，随即任用卫鞅，开始变法。而卫鞅亦得以施展平生抱负。商鞅变法，为后来秦国的强盛奠定了坚实的基础。

时间
前359年

主要变法措施
改革户籍制度，实行连坐；
重农抑商，奖励耕织；
奖励军功，按功授爵；
燔诗书，明法令；
废井田，开阡陌；
废分封，推行县制

人物
秦孝公、卫鞅

相关典故
徙木立信

历史影响
经过变法，秦国逐渐强盛，为后世灭六国奠定了基础

变法背景

战国时期，随着土地私有制的出现，社会阶层发生了变化，奴隶制向封建制度过渡，农民和地主阶级产生了。经济基础发生变动必然会导致上层建筑的调整，早在战国初年，为了顺应当时经济基础的变化，各国纷纷进行变法运动。

魏文侯年间，李悝变法；赵烈侯时期，仲连改革；楚悼王时期，吴起变法；韩昭侯时期，申不害改革；齐威王年间，邹忌改革……其中，秦孝公时期，商鞅变法对秦朝及之后的中国历史都产生了很大的影响。

在战国七雄（齐、楚、燕、韩、赵、魏、秦）中，秦国受封的历史较短，综合实力较弱。公元前361年，秦献公死，秦孝公即位。秦孝公励精图治，广招贤士，并宣布有能力令秦国强大的人，就会获得官位，得到封地，商鞅就在这时来到了秦国。

商鞅，姬姓，是卫国的

商鞅画像

战国秦商鞅青铜方升及铭文拓片

此器是秦孝公十八年（前344年）商鞅变法时所规定的标准量器。秦统一六国后，又在其底部加刻了秦始皇二十六年（前221年）的诏书，命令丞相隗状和王绾把商鞅既定的制度推行到全国。现藏于中国国家博物馆。

公族，故又称"卫鞅""公孙鞅"。商鞅于秦孝公元年入秦，后来在秦获得商邑的封地，所以称商鞅。商鞅是李悝的学生，辈分略低于吴起。其实商鞅最早是到了魏国，但是没有受到魏王的重用。

周显王十年（前359年），秦孝公召开朝会命臣工商议变法大事。以甘龙、杜挚为代表的旧贵族反对变法，他们认为，没有十足的把握就不应该采取变法措施，古代的法律没有过错，就应该遵循。商鞅争辩说："治理国家没有一成不变的办法，有利于国家就不仿效旧法度。所以汤武不沿袭旧法度而能王天下，夏殷不更换旧礼制而灭亡。反对旧法的人不能非难，而沿袭旧礼的人不值得赞扬。"商鞅有力地驳斥了旧贵族所谓"法古""循礼"的复古主张，为实行变法做了舆论准备。

变法措施

秦孝公命商鞅在秦国国内颁布《垦草令》，主要内容有：刺激农业生产，抑制商业发展，重塑社会价值观，提高农业的社会认知度，削弱贵族、官吏的特权，让国内贵族加入农业生产中，实行统一的税租制度等改革方略。《垦草令》为变法拉开了序幕，三年后，秦孝公任命商鞅为左庶长，开始了

绘画：战国秦国商鞅变法

第一次变法。变法的主要措施有：

（1）改革户籍制度，实行什伍连坐法

《史记·商君列传》中记载："令民为什伍……不告奸者腰斩，告奸者与斩敌首同赏，匿奸者与降敌同罚。"这就是在按五家为伍、十家为一什的户籍编制的基础上，形成一种相互告发和同罪连坐的制度，告发奸佞之人的可以同斩得敌人首级一样受赏，不告发的要获罪被腰斩。

（2）重农抑商，奖励耕织

新法规定："僇力本业，耕织致粟帛多者，复其身；事末利及怠而贫者，举以为收孥。"意思就是，尽力从事耕织，通过勤奋努力使得粮食帛匹产量多的人，将免除本身的徭役；从商没有赢利而导致贫穷的人，连同妻子儿女收作官奴。一家有两个以上男子如不分家，则赋税加倍，这样拆散大家庭，鼓励每家一户男耕女织的生产，有利于私有制

秦·龙纹觿

觿源于古佩兽牙之习，用以解绳结。玉觿最初是一种佩带在身上的实用物，春秋战国时由实用器变成佩饰物。

的发展。

（3）废除世禄制，奖励军功，按功授爵，颁布按军功赏赐的二十等爵制度

"有军功者，各以率受上爵；为私斗者，各以轻重被刑大小""宗室非有军功论，不得为属籍"，阻止了氏族残余之间的争斗，有利于削弱旧贵族势力，使之集中于王室。新法把当时的"爵"分为20级，其等级名称是：公士、上造、簪袅、不更、大夫、官大夫、公大夫、公乘、五大夫、左庶长、右庶长、左更、中更、右更、少上造、大上造、驷车庶长、大庶长、关内侯、

"废井田，开阡陌"壁画

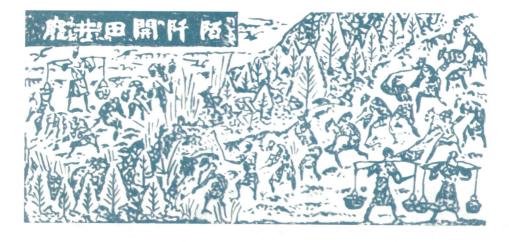

彻侯。不同的等级尊卑不同，根据不同爵级，规定每家占有田宅奴隶的数量和服饰华美程度。

(4) 燔诗书，明法令

焚烧儒家经典，禁止游宦之民。

第一次变法，主要目的是加强统治，促进农业发展，削弱贵族特权，加强中央集权。因为新法打击了旧贵族的势力，所以遭到了抵制。但是自从太子违反法令，商鞅惩罚了太子师傅之后，就没人敢公开反对了。

前350年，商鞅开始了第二次变法。

(1) 废井田，开阡陌

"为田开阡陌封疆，而赋税平"，以法律形式废除古代公社及其所有制即井田制度，确认了土地私有制度。商鞅实行兵农合一政策，以二百四十步为一亩，平时家家为农，战时全民皆兵。即"入使民尽力，则草不荒；出使民致死，则胜敌。胜敌而草不荒，富强之功，可坐而致也"。同时，商鞅改变了不合理的赋税制度。

(2) 统一度量衡

由中央统一度量衡，"平斗桶权衡丈尺"，颁布度量衡的标准器，便于征收赋税和商业发展，对后世影响深远。传世的商鞅量，是战国时期的青铜量器，造于秦孝公十八年十二月。前端有"重泉"（地名）二字，为商鞅变法时期所刻。量器底部有始皇二十六年刻辞，铭文证明，商鞅之法，秦始皇时期多沿用。

咏史上·商鞅

此天此地此经文，
学者何尝读所闻。
尽道李斯焚典籍，
不知吹火是商君。

——宋·陈普

(3) 革除残留的戎狄旧习

禁止父子、兄弟同室居住，男女有别，革除陋习，推行小家庭制，规范社会风俗。

(4) 废分封，推行县制

"集小（都）乡邑聚为县，置令、丞，凡三十一县"，普遍推行县制，把全国军政大权集中到朝廷，建立中央集权的统一封建政治体制，加强中央对地方的控制，削弱奴隶主贵族的权力。

(5) 迁都咸阳，修建宫殿

"作为筑冀阙宫庭于咸阳，秦自雍徙都之。"向东部扩展势力，争取

秦·舟形青铜灶
灶身作舟形，烟囱呈兽头形，灶面上有一大二小三个火孔，灶底为三条蹄状足。

27

商鞅雕塑

商鞅又称卫鞅、公孙鞅,虽然他因主持变法触动了秦国旧贵族的利益而身死,但他变法强国的理念却没有随着他的身死而磨灭。他所推行的新法并没有被废除,而是一直影响着秦国乃至以后的秦朝。

中原地区。仿效中原各国都城的规模,修建宫殿。

商鞅第二次变法,进一步剥夺了旧贵族的特权,强化了秦国的统治力量,使秦国国力大振。秦孝公二十二年(前340年),商鞅设计生擒魏将公子印,大败魏军,迫使魏国交还一部分过去侵占的西河地。由于这个大功,商鞅受封于商於(今陕西商县东南),号为商君。

历史影响

商鞅变法前后经历了21年,变法之后,秦国国力大增,秦国百姓拥护新政。一时间,秦国路不拾遗、无山贼土匪,家家自足。人民勇于为国而战,不敢私自打斗,治安稳定。但是,利益被剥夺的旧贵族对商鞅恨之入骨,于是在秦孝公死去,秦惠王即位后,公子虔以谋反罪告发商鞅。商鞅被逮捕,遭到了最残酷的车裂之刑,全家被株连。

商鞅虽然被杀害了,但是他制定的新法在秦国继续施行,对秦国的富强继续起着积极的作用,奠定了其后秦统

商鞅变法的核心思想和具体措施

核心思想	具体措施
重农的经济政策	颁布《垦草令》,制定出20种重农和开垦荒地的办法。一方面直接或间接地刺激农业发展,另一方面打压工商业
主张重刑厚赏	一方面制定严酷的刑法治理人民,另一方面重赏立信。韩非在《韩非子·奸劫弑臣第十四》中评价商鞅的什伍连坐法:"犯之者其诛重而必,告之者其赏厚而信。"可为明证
重战尚武	商鞅通晓法家、兵家两家思想,反复强调政治改革的目的,就是要取得军事上的成功,为此商鞅鼓励对外发动战争以及按军功彰显荣耀,并在变法时颁布了奖励军功的法令
国家统一民众的心智,制度服务于强国	商鞅治理秦国,使百姓专注于农耕和兵战两件事,全国各个阶层及各行各业的人必须从事农业和与军事有关的活动,剥夺百姓独立的思想和行动,全国的政策法规都必须针对重农重战的国策来制定。为此,商鞅还为秦国制定了统一的赋税和度量衡制度

秦/汉·青铜双鹿（一对）
雄鹿有角，雌鹿无角。鹿在古代被视为神物，认为能给人们带来吉祥、幸福和长寿，故此深受人们的喜爱。

一六国的基础。其中很多政策，直到120多年后的秦始皇时期还在沿用。

商鞅变法作为战国时期重要的改革运动，顺应了历史发展的潮流，推动奴隶制社会向封建制社会转型，符合新兴地主阶级的利益，推动了社会和历史的进步。但是，作为统治阶级的代表，商鞅变法并没有彻底废除奴隶制。当时除了有家奴存在，还有官奴制度，因为懈怠而导致贫穷的人，其妻儿也要充当官奴，俘虏也会沦为奴隶。中国步入封建社会，奴隶制残余却一直残存下来。商鞅变法后，法家思想就成了占统治地位的政治思想。法家思想中的一些新观念，对于封建制的发展和巩固是有积极意义的。但是商鞅提倡的"连坐法"、增加肉刑等严刑酷法，限制了百姓的自由，使百姓噤若寒蝉。商鞅主张轻罪用重刑，认为这样可以迫使民众不敢犯罪。为了维护社会治安，制定了不合理的刑法，如为了保护耕牛和马等私有财产，对盗窃牛马的人判处死刑；为了统一度量衡，规定一步超过六尺的人要受到惩罚。此外，"燔诗书"的高压政策，也极端地钳制了人民的思想。这些制度虽然在一定程度上有利于社会安定，但是秦朝统一以后，这些政策最终激化了社会矛盾，为农民起义和秦朝的覆亡埋下了伏笔。

车裂商鞅
商鞅变法因损害了旧贵族利益，秦孝公去世后，商鞅被处以车裂酷刑。图为明刊本《新列国志》插图。

> 前270年—前251年

（范雎）因进曰："……王不如远交而近攻，得寸则王之寸也，得尺亦王之尺也。"

——《史记·范雎蔡泽列传》

昭王雄略

一个年少即位、大权操纵于母后与舅父的君主，国家虽然每战必胜，但他在诸侯中却没有建立起任何威望。直到步入中年，一个异国贤士的到来，才令他惊觉自己身处巨大的危机之中。贤士不仅帮他夺回了王权，更为秦国开拓了统一天下之路。

明君
秦昭王

在位时间
前306年—前251年

谋臣
穰侯魏冉、应侯范雎

猛将
白起

战略方针
远交近攻

对内策略
加强王权

重大成就
韩、魏宾服，击败赵国，削弱楚国

宣太后铜雕像
宣太后（？—前265年），芈（mǐ）姓，又称芈八子。战国时期秦国王太后，秦惠文王之妾，秦昭襄王之母。秦昭襄王即位之初，宣太后以太后之位主政，执政期间，攻灭义渠国，一举灭亡了秦国的西部大患。死后葬于芷阳骊山。

穰侯主政

攻下宜阳不久，秦武王因与力士孟说比赛举鼎，不慎胫骨折断重伤而逝，年仅23岁。由于武王无子，大臣在立哪位公子继承王位上多有分歧，赵武灵王闻之，立刻将在燕国做人质的武王异母弟公子稷迎入赵国，又送归秦国为王。有赵为强援，周赧王八年（前307年），公子稷即秦王位，是为昭王。

昭王时年幼，由生母宣太后及舅舅穰侯魏冉主政。魏冉历事惠文王、武王，才能卓越。昭王之立，不少公子及大臣皆不悦，联络诸侯欲除掉昭王，然而其图谋泄露，诸谋反公子、大臣及惠文王王后皆被处死，而武王王后则被送回母家魏国。昭王继位第三年，秦与六国修好。昭王完成加冠礼后，开始亲自处理部分政事。次年，秦国恢复对外

明人绘白起画像

白起（约前332年—前257年），郿县（今陕西眉县常兴镇白家村）人，中国战国时代军事家、秦国名将，兵家代表人物。白起担任秦国将领30多年，攻城70余座，歼灭近百万敌军，被封为武安君。

扩张的攻势，进攻目标锁定魏、楚两国。秦昭襄王十一年（前296年），楚怀王入秦会盟，为秦所拘，六国闻之，莫不震悚。于是，齐、韩、魏、赵、宋五国联合发兵攻秦，秦不敌，将先前侵占的几座城邑归还韩、魏求和。五国退兵不久，楚怀王死于秦。

秦昭襄王十四年（前293年），魏冉举荐白起为将。次年，白起率军与韩、魏联军激战于伊阙（今河南洛阳南），斩杀韩、魏军24万人，攻克5城，一战而震惊天下。从此，白起迅速在秦军中崛起，攻必克，战必胜，从左庶长一直升到大良造，爵封武安君。

昭王虽渐年长，而宣太后及魏冉犹握权不放，宣太后诱使义渠王至咸阳，与之淫乱宫闱，而后杀之，随即秦国彻底灭掉义渠国，尽有其地。魏冉凡四度为相国，数十年中出将入相，战功与白起相当，而在诸侯中的威势犹大于昭王。秦兵围困魏国都城大梁（今河南开封）及定计攻打齐国，魏、齐欲求和，皆使人言于魏冉，而非昭王。故魏冉之富，过于王室。

纳用奇策

秦昭襄王三十六年（前271年），魏国人范雎（jū）在魏国被陷害死里逃生，跟随秦国使者王稽偷偷来到秦国，自称张禄。王稽向昭王汇报完出使的情况后，对昭王说："魏国有位张禄先生，对臣说'秦王之国危如累卵，得臣则安，然而不可以用书信说明'，所以臣将他带来秦国。"昭王以为秦连岁开拓疆宇，国势日盛，危如累卵之说乃无稽之谈，故下令以最下等待客之道对范雎，住草馆，饭食以草器。

过了一年，魏冉欲发兵攻打齐国以增加自己的封邑。范雎抓住机会上书昭王，力挫其事。昭王览书大悦，发车请范雎入宫相见。既入宫，范雎佯走错至永巷，昭王驾到时，太监前行斥逐范雎，大声道："大王至！"范雎故意扬声激昭王道："秦岂有王？只有太后、穰侯罢了！"昭王知是范雎，屏退左右，向范雎求教，范雎先谦让，昭王虔诚固请范雎说出想法。

于是，范雎进言："大王的国家，四周都有险要的关塞，北面有甘泉、谷口，南面濒临泾河、渭水，右方占据着陇山（今六盘山）、蜀川，左方又有函谷关隘及险要峻梁，甲士百万，战车千乘，形势有利就出关进攻他国，形势不利就守护住关塞，这是成就王业的地势之利。百姓不敢私下殴斗，却勇于在战场上为国家牺牲，这是可以帮助有雄心的君王谋求王业的百姓。这两者如今大王都拥有。以秦兵的勇敢，军队的强盛，用来约束诸侯，就像是打猎的时候放出韩卢那样的凶猛猎犬去捕捉断了腿的兔子，霸王之业必然可以达成，但是秦国群臣却没有能为大王经营这件大事的。如今秦国已经闭关15年，不敢大肆用兵攻击诸侯，究其原因正是穰侯不能尽忠为国家谋划，这也是大王有所失策的地方。"昭王问自己有何失策。

此时，室外有不少侍臣在窃听两人谈话，范雎知之，遂不敢言内事，乃先说外事，且观昭王之意。他继续说道："穰侯越过韩、魏两国进攻齐国，不是良策。出兵少的话就不能够重创齐国，出兵太多的话对秦国来说危机又太大。我猜测大王的心意，是想秦国少出些兵，让韩国和魏国派出他们整个国家的军队与秦国共同进攻齐国，这是不义的。当年，齐闵王攻打楚国，攻下千里之地，可齐国最后一寸土地也没能拥有，齐国难道不想得到土地吗？只是迫于诸侯的压力不能强行占有。诸侯见齐国兵疲，君臣不和，于是共伐齐，几乎将齐国灭掉，令齐国上下遭受莫大的屈辱，其军民皆将罪过算到齐王头上。齐国之所以濒临灭国，正是因为齐王之前联合诸侯攻楚，得到土地后无法占有，全被同盟的韩、魏两国所占。

"臣为大王筹谋，不如远交而近攻，进攻得到一寸土地就是大王的一寸疆土，得到一尺土地就是大王的一尺疆土。如今放弃这样的良策，越过邻国去进攻远方的国家，这不是大错吗？当初

范雎脱厕报仇

范雎（？—前255年），字叔，中国战国时魏国芮城（今山西芮城）人，著名政治家、军事谋略家，秦昭襄王宰相。范雎是魏国公族支庶子弟，善辩，本欲求官于魏王，但因家贫无资可通门路，不得不改为入中大夫须贾门下为宾客。一次随须贾出使齐国时被怀疑通齐卖魏，因此在归国后被魏国相国魏齐几乎鞭笞致死，又被魏齐下令扔进茅厕侮辱，侥幸逃生后，在郑安平的帮助下，易名张禄，潜随秦国使者王稽入秦。

中山国方圆500里，处于赵国的中心，赵国独自将它吞并，诸侯谁也不能奈何赵国。现在的韩、魏两国，处在华夏的腹地，成为九州的中枢。大王想要成就霸业，就必须先亲近韩、魏，令秦占尽天下中枢的利益，用此有利的形势来威慑赵、楚。如果楚国强大，那秦国就亲近赵国，赵国强大则秦国亲近楚国，与楚、赵都交好，那么齐国必定恐惧。齐国恐惧，则必卑辞重币寻求与秦亲近。然后秦国与齐国结盟，回头进攻韩、魏，则二国攻破后，其土地就能全部落入大王之手。"

昭王问："很久以前我就有与魏国亲好的意愿了，可是魏王反复无常，难以跟他亲近。怎么办？"范雎献计道："大王可以派使者携带贵重礼物送给魏王，再用美好的言语逢迎他，以取得他的好感，如果魏王不答应跟秦结盟，大王可以拿土地贿赂他，如果还是行不通，就派军队进攻，迫使魏国听从秦的命令。"昭王大喜，即日拜范雎为客卿，让他当自己的军师。

王权独握

昭王用范雎之谋，举兵攻魏，迫使魏王与秦结盟。两年后，昭王又用范

秦昭王铜雕像
秦昭襄王（前325年—前251年），一称秦昭王，嬴姓，赵氏，名则，又名稷，秦惠文王之子，秦武王异母弟，战国时期秦国国君。

雎之计迫使韩国听从秦命。数年后，范雎日益受到昭王的信任，见时机成熟，范雎向昭王进言："臣未入秦前，对于齐国，只听闻有田文（齐相孟尝君），不闻有齐王；对于秦国，只听闻有太后、穰侯、华阳君、高陵君、泾阳君，不闻有大王。什么叫作王？能一手掌握国家大权的才叫王，能将祸福操纵在自己手里的才叫王，生杀予夺大权牢牢掌控在手的才叫王。

"臣听说英明的治国方略，在于在内巩固威德，在外尊权独掌。如今穰侯的使者都能手握王者的权威，在外制衡诸侯，秦国内外，没有敢不服从的。秦军战胜攻取有功，而利益多归于陶（穰侯的封国），诸侯并不因战败丧地而听命于秦。如果秦军战败，则百姓的怨恨、丧亡的祸失就会让国家来承担。当年崔杼、淖齿操控齐国的政权，最终弑杀齐王；李兑手握赵国的权柄，最终囚禁赵武灵王，致使赵王饿死。今秦国的政权操纵在太后、穰侯之手，而高陵君、华阳君、泾阳君都与他们串通一气，大王就这样被架空了，形同于秦国没有大王，这与崔杼、李兑操控齐国、

赵国政权的情形一样。

"夏、商、周之所以灭亡，正在于君王将权柄交给别人，自己沉湎在游猎和酒色的享乐中，不听朝政，那些被他们托交政权的大臣，都是嫉贤妒能、诳上枉下、以权谋私的一类奸佞，丝毫不为国家社稷着想，然而君王却不察觉，最终导致身死国亡的结局。现在秦国凡是拿食禄的臣子，自下而上，甚至大王左右亲近侍臣，都是出自穰侯的门下。臣见大王孤身一人立在朝堂上，实在为大王感到忧恐，大王百岁之后，秦国河山恐怕就很难再属于大王的子孙了。"

昭王闻言大惧，于是用范雎之计，令宣太后不得干政，罢免穰侯魏冉相权，将魏冉及高陵君、华阳君、泾阳君逐出咸阳，令其各自回到封地，而拜范雎为相国，以应地封之，号应侯。由此，秦国尊权，归于昭王。此时昭王已经即位41年了。

范雎既为相，辅佐昭王推行远交近攻之计，逐步蚕食韩、魏，并因争夺韩国上党之地，与赵国在长平进行决战，白起坑杀赵军降兵40余万。秦军进而兵围赵都邯郸，赖魏国信陵君率军联合诸侯援赵，秦军方从邯郸撤围。长平之战的胜利，令三晋再无能力抵抗秦国进攻。长平之战胜利后，白起功高震主，被贬出咸阳，行至杜邮（秦都咸阳西门5千米处），昭王赐其剑令自杀。

此后数年，昭王忌惮魏国信陵君在诸侯中的强大号召力，不敢对魏国用兵。而秦席卷六国，已成定势。

秦竹简

1975年云梦睡虎地11号墓出土，现藏于湖北省博物馆。《秦律十八种》套竹简共计201枚，记录了《法经》六篇的内容，而且还有《田律》《效律》《置吏律》《仓律》《工律》《金布律》等内容。秦律有调整封建经济的作用，并且基本上是镇压农民的反抗，巩固地主阶级专政的工具。秦律为以后的汉律所继承。

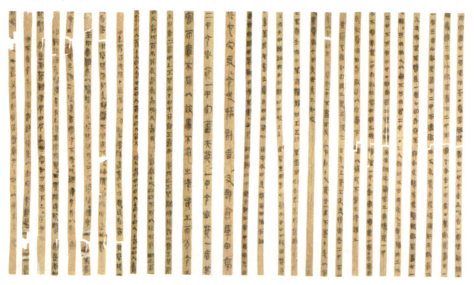

战国秦·青铜龙纹镜

三弦钮,圆钮座,边缘饰14个内向连弧纹,主纹浮雕首尾相连的龙,笔画流畅,形态生动。最早的龙纹出现在古代陶瓷上,距今六七千年前的新石器时代。其形态为粗长的蛇身,爪为三趾,头圆。经过历代发展,逐渐演变成现在被人们所熟知的形象。

前257年

吕不韦曰："子贫，客于此，非有以奉献于亲及结宾客也。不韦虽贫，请以千金为子西游，事安国君及华阳夫人，立子为適嗣。"

——《史记·吕不韦列传》

异人归秦

一位被送到敌国做人质的落魄公子，前途一片漆黑，却被阳翟大贾看成"奇货"，散尽千金将他包装成贤德闻于天下的孝子，通过结认养母，将他从命运的谷底推向最强国家的储君之位。

身份
人质

地位
秦国太子安国君的庶子

为人质地
赵国邯郸（今河北邯郸）

贵人
商人吕不韦

命运改变
取得秦国储君地位

运作花费
千金

异人，又名子楚，是秦昭王太子安国君庶子。安国君有子20余人，而其正妻华阳夫人无子，异人生母夏姬不得安国君宠爱，故异人被秦国送往赵国为人质。

异人在赵国境遇极差，财用匮乏又不得赵国礼遇。阳翟（今河南禹州）富商吕不韦听闻异人处境，认为"奇货可居"，于是拜谒异人。

既相见，吕不韦说："我能显赫公子之门。"异人笑道："君且显赫自家门户，谈不上显赫我门！"吕不韦正色说："公子不知，我之门户正赖公子显赫！"异人便知这是隐语，遂引吕不韦密谈。

吕不韦献计说："公子乏财，为异国客，无论结交宾客还是向亲人表达孝心都难以如愿。不韦虽贫，请以家财千金为公子西行入秦，取悦安国君及华阳夫人，立公子为嫡嗣。"异人感激叩首道："若当真达成此策，愿与君共享秦国。"

于是，吕不韦以五百金赠异人，令异人广结宾客，以振声誉。自以五百金购买

战国秦·青铜蒜头壶
蒜口，长颈，扁球腹，矮圈足。蒜头壶因壶口做成蒜瓣形而得名，这种器型最早出现在战国晚期的秦墓葬中。

珍奇宝物，携之入秦。吕不韦至秦，通过华阳夫人姊谒见华阳夫人，将珍宝悉数奉上。华阳夫人悦，吕不韦因极言异人贤智，交结诸侯遍天下，又说异人日夜泣涕思慕太子及夫人。华阳夫人因此对异人大有好感。之后，吕不韦又使华阳夫人姐姐对华阳夫人说："常言说，依靠美色来服侍人，美色衰退后，获得的爱就会越来越少。今夫人服侍太子，虽然专宠，可惜没能生下儿子，应当趁着宠爱还在时，早在太子的诸多儿子中选择品德贤孝的收养，立为嫡嗣。如此，丈夫在世时地位可以因为养子是储君而尊崇，丈夫一旦去世，养子就会即位为大王，这样，夫人就会永远也不失去尊贵的地位。这就是人们所说的，一句话就可以得到万世的利益。不在盛宠时培固根本，若到了色衰爱弛时再谋划收养别人的儿子来寻求立为储君，还可能办到吗？如今异人品行贤德，他知道自己是庶子，按排序不会成为储君，他母亲又不得太子宠爱，所以这才主动寻求依靠夫人。夫人若把他收为养子，立为储君，必终生享有尊崇的地位。"华阳夫人深以为是。

安国君闲适之时，华阳夫人从容言异人在赵贤德闻于诸侯，往来秦、赵之间的人莫不称誉。见安国君专心倾听，华阳夫人转而涕泣道："妾万幸得太子恩宠，居后宫，可是一直不能生下子嗣，希望太子准许我收养异人做儿子，以后老了也能得到庇护。"安国君怜之不已，答应下来，与华阳夫人刻玉符为信，以待来日正式立异人为储君。

事既定，安国君与华阳夫人出重金赐给异人，拜托吕不韦为其师。异人财用充足后，交结日广，声誉日盛。

秦昭襄王五十年（前257年），邯郸陷于秦军包围，赵人怒，欲杀异人。吕不韦得知消息后，以六百金买通城门看守，带异人逃出邯郸，进入秦军大营，随后安全回到秦国。

吕不韦结交异人

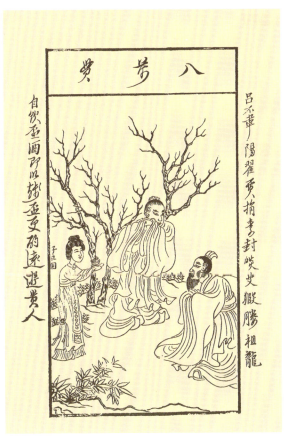

前239年

长信侯毐作乱而觉,矫王御玺及太后玺以发县卒及卫卒、官骑、戎翟君公、舍人,将欲攻蕲年宫为乱。

——《史记·秦始皇本纪》

嫪毐之乱

丞相吕不韦为了斩断与太后的不伦之恋,送给太后一个异于常人的男人,这位男人以太监的身份在王宫内受尽太后恩宠,享受王者一样的生活,他想让自己与太后所生的儿子来日即位为王,不巧的是,秦王知道了这一切。

始作俑者
丞相吕不韦

作乱者
嫪毐

时间
前239年

地点
咸阳

谋杀对象
秦王嬴政

死亡人数
数百人

结果
嫪毐死,太后被囚禁,吕不韦被罢免,嬴政大权独揽

秦·鹿纹瓦当
秦汉遗物。外缘为圆形,中央刻鹿纹。多侧面形,只两足,神态生动。鹿纹瓦当,一般多为陕西出土。

秦昭襄王五十六年(前251年),在位长达65年的秦昭王去世。太子安国君即位,是为孝文王。安国君在位仅一年即去世,太子异人即位,是为庄襄王。庄襄王在位3年而薨,太子嬴政即位。

《史记》记载,嬴政乃吕不韦之子。当初异人在赵国为质子时,有次到吕不韦家饮宴,见吕不韦宠妾赵姬绝美,遂向吕不韦求取。当时,赵姬已有身孕,又得吕不韦宠爱,吕不韦见异人无礼讨要,初时愤怒,继而念及已经散尽家财投资在异人身上,最终答应将赵姬送给异人。赵姬跟随异人后,隐瞒已有身孕,怀胎期满,生下嬴政。

秦军包围邯郸,吕不韦带异人逃出时,将赵姬母子扔下。赵人搜捕,赖赵姬出于豪势之家,藏匿起来才躲过杀身之祸。等到了异人即位为秦王时,赵国才礼送赵姬母子回秦国。至秦,

赵姬被立为王后，嬴政被立为太子。

秦庄襄王三年（前247年），嬴政即秦王位，时年13岁，朝政大权尽握于吕不韦之手。吕不韦在庄襄王时，已位至丞相，受封洛阳食邑10万户，号文信侯。此时，又加号为"仲父"。

吕不韦因与太后有旧情，两人经常在宫中幽会。随着嬴政逐渐长大，吕不韦担心事泄，开始疏远太后。但是又怕太后怨恨他，于是暗地搜求性器雄大的男子，得嫪毐（lào ǎi），收之为门客。吕不韦故意时常举办淫乐之会，使嫪毐性器强悍之名传进后宫。太后听说嫪毐淫名，想要得到他，吕不韦假装令人告嫪毐有罪，判处宫刑，太后依照吕不韦所教，派人贿赂施行宫刑者，拔掉嫪毐的眉毛胡子，宣布已经对嫪毐施以宫刑，最终将嫪毐弄进后宫。太后得到嫪毐，日日宣淫。太后惧事发，诈使人占卜，说自己当移居雍县（今陕西凤翔南）离宫。搬到离宫后，太后与嫪毐淫乱肆无忌惮，甚至为嫪毐生下两个孩子。嫪毐借助太后之宠，受封为长信侯，先是以山阳城（今太行山东南）为封邑，随后又增加太原郡为封国。嫪毐在离宫多行僭越之事，肆意挥霍，养客数千，奢纵不法。

嬴政亲政后，有人向嬴政告发太后与嫪毐淫乱生子之事，且说太后与嫪毐谋划，待秦王去世后，即以嫪毐之子为王。嬴政大怒，开始布置剪除嫪毐。嫪毐得知消息，盗秦王及太后印玺发县中军队、部分宫中卫士，又纠集其门客

赵后淫宠嫪毐

嫪毐倍受太后宠信，被封为长信侯，与太后私生两子，并自称是秦王嬴政的"假父"，后来因事情败露，发动叛乱失败而被秦王嬴政处以极刑，车裂（五马分尸）而死。

等乌合之众，准备攻打蕲年宫。嬴政立刻命昌平君、昌文君发兵平叛。双方最终激战于咸阳城中，谋反之徒被斩首数百，嫪毐率残众败走。嬴政下令国中：有生得嫪毐者，赐钱百万；杀之者，赐钱50万。不久，嫪毐及其余党悉数被擒。嫪毐及其主要党羽皆被五马分尸、灭族。嫪毐4000多门客被迁往蜀地，太后被软禁于离宫，其与嫪毐所生两子亦被杀。因嫪毐曾是吕不韦门客，所以吕不韦也被罢免。由此，朝政大权尽归于嬴政。

前292年—前235年

庄襄王元年，以吕不韦为丞相，封为文信侯，食河南雒阳十万户。

——《史记·吕不韦列传》

丞相不韦

作为一名成功的商人，吕不韦从一介平民一步而登强秦的丞相宝座，虽然毫无政治经验，其行政手腕和谋略却超出同时期所有政治家，不仅将大秦的武功向巅峰推进一大步，且空前绝后地缔造了秦的文治盛业。

地位
丞相，文信侯，仲父

食邑
洛阳10万户

军事政策
推行远交近攻

门客规模
3000人

传世典籍
《吕氏春秋》

结局
被逼自杀

继承武略

吕不韦虽然是商人出身，但其政治才能却非常卓越，与其同时期在位的六国诸侯、将相相比，无人可出其右。孝文王在位仅一年后，庄襄王即位，吕不韦为丞相，揽大权，可以说昭王去世后，吕不韦才是昭王的真正继承者。

吕不韦成为丞相后，继承昭王国策，发兵鲸吞三晋。吕不韦与穰侯魏冉以公谋私不同，他的心力全部放在吞灭六国的大业之上。庄襄王在位3年中，吕不韦率兵诛灭东周，周朝灭亡；又使将军蒙骜攻韩，韩国将成皋（后世又称虎牢关，治所在今河南荥阳西18千米汜水镇虎牢关村西北故成皋城，当时该城北面和西面临黄河，南面和东面为深涧，属战略重地）、巩县（治所在今河南巩义西北3千米康店镇康店村）之地献于秦，秦国疆界逼近魏国都城大梁；与韩国战事初停，秦于韩国新割之地

吕不韦雕像
吕不韦（前292年—前235年），中国战国时代卫国著名商人，战国后期著名政治家，后位及秦相，在秦为相13年。

设置三川郡，而蒙骜继续率军攻打赵国，侵占太原（晋阳），太原对赵国的重要程度不亚于都城邯郸。当初智伯联合魏、韩围困赵襄子于晋阳3年，赵襄子凭借此城坚固最终反败为胜，令赵得以与魏、韩三家分晋。所以说太原是赵国的龙兴之地，秦占太原，基本等于走完了灭赵最后两步的第一步；攻赵暂停之时，蒙骜又挥军攻克魏国高都（辖境大致为今山西晋城城区和郊区）、汲城（今河南卫辉）；而后，蒙骜再次攻赵，连克37城，几乎同时，将军王龁将赵、魏、韩交界的上党地区全部攻占，秦在新占领的地区设置太原郡。

秦国对三晋泰山压顶般的进攻，令三晋处于濒临亡国的境地。当此之时，普天之下，秦国所畏惧之人，唯有魏国信陵君一人，所以在秦军频繁的进攻中，都把韩、赵作为主攻对象，魏国虽形同悬于嘴边的肥肉，却不敢一口吞下。前247年，信陵君联合五国之兵一同攻秦。秦使蒙骜迎战，蒙骜战败，秦军后撤至陕州（今河南陕州区，此地东据崤山关连中原腹地，西接潼关、秦川，扼东西交通之要道）、华州（今陕西华州境内及周边地区，此地前据华山，后临泾渭，左控潼关，右阻蓝田关）。秦国遭受这次严重的军事挫败后，因六国各怀私心，故而业已掌控的三晋之地并没有丢失。但是，这次战败，已令秦国认识到必须除去信陵君。

五年相邦吕不韦戈
通长27.6厘米，胡长16.8厘米，器援长而狭，长胡，内部三面均有刃，是战国中晚期青铜戈的典型式样。现藏于中国国家博物馆。

不韦西游说秦
描绘了吕不韦带上财宝去秦国说华阳夫人立嗣的故事，此事揭开了吕不韦专断秦政十数年的序幕。

成也门客，败也门客

鉴于信陵君养客三千形成的强大势力，吕不韦认为以秦国疆域之大、国力之富强，反不如弱国之能养客，甚以为

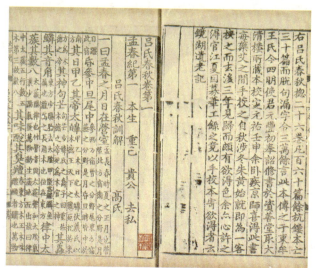

《吕氏春秋》书影

《吕氏春秋》又称《吕览》，是中国战国末期的一部政治理论散文的汇编，完成于秦王政六年（前241年），为秦国相国吕不韦及其门人集体编纂而成。其内容涉及甚广，以道家黄老思想为主，兼收儒、名、法、墨、农和阴阳各家先秦诸子百家言论，是杂家的代表作，也是中国古代类书的起源。

耻，于是亦竭诚招揽天下贤士，很快门客数千。

战国养客最著名的就是孟尝君、春申君、信陵君、平原君四公子及吕不韦。其中，孟尝君、平原君、春申君养客主要是为个人权势服务，只有信陵君和吕不韦养客是为国家服务。孟尝君、平原君、春申君皆身死而功灭，信陵君曾组织门客编写《魏公子兵法》，可惜未能拯救魏国，也未能流传后世。最终，只有吕不韦养客达到了强盛国家的目的，吕不韦组织门客编撰成《吕氏春秋》（又名《吕览》）一书，此书分八览、六论、十二纪，共20多万言，囊括百家之言，"凡十二纪者，所以纪治乱存亡也，所以知寿天吉凶也，上揆之天、下验之地、中审之人，若此则是非可不可无所遁矣"。（《吕氏春秋》）吕不韦认为此书天、地、人、事莫不周备。书成之后，吕不韦使人誊抄一份悬挂于咸阳城门，贴出布告说，凡书中文字，倘有人能改动一字，酬谢千金。而最终无人可改，吕不韦由此使秦国在文化声誉上也压过了六国。

秦国知魏王忌惮信陵君权重，因此行反间之计，令魏王罢免信陵君。秦军随即出兵攻韩，取13城。秦王政四年（前243年），信陵君忧死，秦军大举攻魏，一战而取25城。次年，韩、魏、赵、卫、楚联军击秦，这是诸侯最后一次联合攻秦，奈何已无信陵君那样的统帅，秦军一出，五国联军顷刻瓦解。

秦·带罩铜灯

秦王政八年（前239年），秦遣嬴政之弟长安君成蟜率军攻赵，行至屯留（今山西屯留），成蟜率麾下部分军士谋反，秦发兵围之，成蟜自杀，谋反军卒皆被处死，屯留当地百姓也受牵连被流放到临洮(今甘肃岷县)。

此时，秦国之威，莫不慑服，诸侯事秦如仆妾俯伏，不敢仰视。自昭王去世13年中，皆吕不韦经营之功。吕不韦虽无不臣之心，而权势逼于君王，犹国有二主。嬴政平定嫪毐之乱，立刻树立起威权，本想一并诛杀吕不韦，然吕不韦门客势众，纷纷为其陈说，嬴政念及吕不韦功大，免除其丞相之位后，令其回封地养老。

吕不韦回到封地的一年之中，其门客日夜奔走游说，诸侯使者宾客亦接连入秦，力劝嬴政恢复吕不韦相位。嬴政且恶且恐，作书信使人赐吕不韦道："君对于秦国有什么功劳？却在洛阳有十万户的食邑。君跟王室什么亲戚？却号称仲父，你带上家眷迁居到蜀地吧！"吕不韦览信，知必为嬴政所不容，为保全家属，只好服毒自杀。

数千门客感于吕不韦之恩，私自将吕不韦安葬于洛阳附近的北邙山中。嬴政知道后，下令参加葬礼的人中，属籍在三晋的，逐出秦国；属籍是秦国且官位六百石（俸禄）以上的，褫夺官爵，流放；未亲临葬礼的门客，官位五百石以下的，流放于蜀，不夺官爵。而吕不韦的家属最后也都被籍没为奴。

信陵君像
信陵君（？—前243年），名无忌，战国时代魏国人，是魏昭王的儿子，魏安釐王同父异母的弟弟。信陵君是战国时代著名的政治家、军事家，魏安釐王时期官至魏国上将军，与平原君赵胜、孟尝君田文、春申君黄歇合称"战国四公子"。

前244年

（甘罗）曰："王不如赍臣五城以广河间，请归燕太子，与强赵攻弱燕。"赵王立自割五城以广河间。

——《史记·樗里子甘茂列传》

一言取城

他可以令吕不韦请不动的人惶惧听命；可以使赵王像迎接天子一样恭迎自己；可以凭寥寥数语，使敌国举兵互攻，不费一兵一卒坐得16座城池。他是一位只有12岁的少年。

门第
丞相甘茂之孙

身份
吕不韦门客

年龄
12岁

游说对象
张唐、赵王

成就
为秦取得16座城

在吕不韦的数千门客中，有一位极特殊的少年叫甘罗。甘罗出身名门，其祖父就是秦武王时期为秦开通三川之路的丞相甘茂。甘罗12岁侍奉在吕不韦左右。

燕国和赵国交界有一地叫河间（今河北河间），秦国在这里已经获得了一块领土，但秦国想将赵国境内河间周围的土地也吞占。为实现这一目标，秦国最初谋划联合燕国攻赵。在此之前秦国派出刚成君蔡泽出使燕国，成功令燕国太子丹到秦国做人质。接着吕不韦决意派张唐到燕国做相国。而张唐却推辞说："昭王时，臣为秦将攻打赵国，赵王非常怨恨臣，下令说'能为寡人擒得张唐的，赏赐百里土地'。今臣若去燕国，必定经过赵国，必然为赵国所擒，所以请君侯另择人选吧。"吕不韦闻言不悦，但也不好强迫张唐。

甘罗在旁侍奉吕不韦时，见他面有忧色，便问何故。吕不韦言之，甘罗即请命说服张

甘罗雕像

唐。甘罗拜见张唐，问："敢问君之功与武安君（白起）相比如何？"张唐道："武安君南则挫败强楚，北则令燕、赵宾服，战无不胜，攻无不克，为秦所攻取城邑之多，不可胜数，臣何敢与武安君相比。"甘罗复问："应侯（范雎）与文信侯为相，君以为哪个更加专权强势？"张唐道："应侯不若文信侯专权强势。"甘罗再问："君真知应侯不如文信侯专权强势？"张唐肯定道："知道。"甘罗道："当年长平之战后，应侯欲乘胜继续攻打赵国，武安君不肯，结果应侯在昭王面前进言，令昭王将武安君贬出咸阳并赐死于杜邮。今文信侯亲自请求君往燕国为相，而君不肯行，臣真不知君将死于何地。"言毕，张唐大惧，即日使燕。

张唐行数日，甘罗又自请出使赵国。赵王郊迎甘罗，甘罗问赵王："大王知道燕国太子已到秦国为质了吗？"赵王道："听说了。"甘罗又问："张唐为燕相国之事听说了吗？"赵王道："也听说了。"甘罗道："燕太子丹入秦，是燕取信于秦，秦使张唐为燕相国，是秦取信于燕。秦、燕不相欺，就会攻打赵国，赵国危险了。秦、燕互相取信，正为攻赵而扩大彼此的河间之地。大王不如赠臣5城以增加秦的河间之地，臣请令秦归燕太子丹，与赵共攻燕。"赵王闻言，立割5城于秦。

不久，秦国放归燕太子丹，赵随即发兵攻燕，克燕上谷郡（今河北张家口怀来小南辛堡镇大古城村北）31城，又将其中11城赠秦。

甘罗以一言为秦得16城，令燕、赵相攻为仇，而秦不费一兵。

秦·青铜虎头车饰件

甘罗古柏

甘罗祠内的甘罗古柏，位于河南鄢陵柏梁乡甘罗村。甘罗，战国时楚国下蔡（今安徽颍上）人，战国时代著名大臣甘茂之孙，从小聪明过人，是著名的少年政治家。小小年纪拜入秦国丞相吕不韦门下，做其宾客。后为秦立功，被秦王拜为上卿。

▶ 约前284年—前208年

秦王乃除逐客之令，复李斯官，卒用其计谋。

——《史记·李斯列传》

李斯用事

李斯通过厕所和米仓中两只老鼠的不同，领悟到环境决定命运，而人应该学会选择生存环境。通过在大儒门下学习，由小吏变身为辩士，蒙受吕不韦和嬴政知遇之恩。为保有权位，却不惜杀害同窗。

籍贯
楚国上蔡（今河南上蔡西南）

老师
荀子

学派
受业于儒家，奉行法家

贵人
吕不韦

所遇危机
秦国逐客

恶行
杀害同窗韩非

献计秦王

吕不韦被嬴政除掉后，李斯成为嬴政身边最倚重的大臣。

李斯是楚国上蔡（今河南上蔡西南）人，少年时为小吏。如厕时见老鼠只能以吃最污秽的食物果腹，一见有人进来，就四处惊窜；其后巡视米仓，又见老鼠悠哉咀嚼干净米粟，见人不畏。因而感慨道："人的贤愚跟这些老鼠有何分别，但看自处于何等环境罢了。"

李斯既有大志，乃拜入大儒荀子门下学习帝王之术。学成，李斯见楚王不足辅佐，六国皆弱，不足建大功，所以决定西行入秦。

至秦，李斯成为吕不韦的门客。吕不韦见李斯有才，任为郎官，得以有机会见到嬴政。

李斯像
李斯（约前284年—前208年），楚国上蔡（今河南省上蔡县西南）人，是秦朝著名的政治家、文学家和书法家。李斯早年为上蔡郡的小吏，负责掌管文书，后和韩非师从荀子学习帝王之术，后来都成为诸子百家中法家学说的代表人物。

李斯向嬴政献策说："当年穆公称霸，而未能吞并诸侯，为何？诸侯尚多，周德未衰，所以五霸相继而起，皆以尊王为号。自从孝公以来，周天子权力越来越小，诸侯相互兼并，秦之东大国只剩下六个，而秦乘胜宰制诸侯，至今已经有六世。今诸侯宾服于秦，地位如同秦的郡县。以秦国这样广大的疆土，大王这样的贤明，想要吞并诸侯，就像打扫灶台上的灰土那般容易，成就帝业，一统天下，建万世功业，在此一时，一定要抓住机遇。如今却放缓进攻六国的步伐，如果诸侯中有贤能的人出来振兴他们的国家，联合起来一起对抗秦国，纵使黄帝冉生，也难以图谋吞并诸侯的事业了。"嬴政大悦李斯之谋，拜为客卿。

此后不久，魏人尉缭来到秦国，向嬴政献计说："以秦之强，诸侯譬如郡县守令，臣就怕诸侯会聚集起来结盟共同对抗秦国，对秦国忽然发动进攻，晋国智伯、吴王夫差、齐闵王都是因为这样而失败灭亡的。希望大王不吝啬钱财，以重金收买各国诸侯的权臣，以此来打乱他们的图谋，不过付出30万金的钱财，就能达到吞并诸侯的目的。"嬴政听取这个计谋，见尉缭不敢以王者自尊，衣服饮食与尉缭相等，尽礼事之。尉缭私与人言道："秦王这个人，鼻梁如蜂，眼长，五官像鹞鹰一样前突，声音如豺，少仁而有虎狼之心，未得志时还能礼下于人，使其得志亦必轻易食人。我不过是个平民，然而他每次见我都常常显示出比我还卑微的样子。倘若秦王真得志于天下，则天下皆为其所掳，不能长久地跟他在一起。"于是偷偷离开咸阳。嬴政知道后，执意让尉缭留下，尉缭无奈仕秦，而嬴政听用其反间之谋。

秦·始皇廿六年诏量
秦代统一度量衡，是继车同轨、书同文之后又一个具有历史意义的壮举。为统一度量衡，秦始皇向全国颁发了诏书。相传秦诏最初为李斯所书。

秦·二世诏版
秦诏版是刻有秦始皇或秦二世统一度量衡诏书的铜版。有的镶嵌在铜、铁权上；有的四角或边缘带孔，应是钉在木量上的。图为秦二世的诏版。

泰山刻石
北京故宫博物院藏明拓本。秦泰山刻石立于始皇二十八年(前219年),是泰山最早的刻石。
释文:臣斯臣去疾御史大臣昧死言臣请具刻诏书金石刻因明白。

逐客危机

　　这个反间之计,李斯亦曾向嬴政进献。嬴政向六国派出使者,以重金收买六国大臣、名士,能够收买的就尽其财欲,不能收买的就使人刺杀。反间之计既行,六国政乱,而秦兵乘机攻之。

　　秦国行反间计的同时,韩国也向秦国派出间谍郑国,郑国名义上到秦国帮助设计修建引水渠,实际上是想通过进行浩大的建设工程来拖垮秦国财政,使秦在一定时间内没有财力支持大规模战争。郑国的间谍身份暴露后,秦国欲杀之,郑国请求嬴政让他继续完成工程,他说,工程完成后足以成秦国万世之利,只不过为韩国灭亡延缓数年而已。嬴政权衡后,令郑国继续修渠,渠成,关中地区农业大受其利,秦益富。

　　当郑国间谍身份泄露时,秦国权贵大怒,建言嬴政应下令将属籍是六国的辩士客卿全部逐走,而李斯亦在驱逐之列。李斯上书嬴政说:"臣听说朝廷议论逐客,私自认为这是不正确的。当年穆公求士,在西戎得到由余,在楚国得到百里奚,在宋国得到蹇叔,在晋国得到丕豹、公孙支,这些贤才,都不产于秦,而穆公能够任用他们,兼并二十国,称霸西戎。孝公用卫人商鞅,变法移俗,击败楚、魏,拓地千里。惠文王用魏人张仪,北方夺取上郡,南面攻取汉中,令诸侯割地听从秦的号令,破坏掉他们合纵的谋略,其功至今不衰。昭王得魏人范雎,废穰侯,巩固王权,蚕食诸侯,奠定秦国帝业的基础。这四位先君,都是因为用别国的贤才来成就秦国的功业。以此来看,别国的贤

秦·元年丞相斯戈
由秦代军工产品主要产地古栎阳(今陕西阎良区武屯镇关庄村一带)制造,现藏于河南安阳中国文字博物馆。

才有什么对不起秦国的呢?

"臣听说地广则粮多,国大则人多,兵强则军队勇敢。所以,泰山虽高,不推辞加给它的每一寸土,才成就了它的高大;河海不拒绝小河汇流进来,才能成就它的深度;王者不拒绝跟平民贤人亲近,才能成就他美好的名声和政治成就。不因为四方不相同来区别对待疆土,不因邦国的不同来区别对待百姓,这是三皇五帝能够无敌于天下的原因。如今大王想要抛弃子民,令邻国得到,逐走宾客令邻国得到贤才,让天下的贤能之士都不敢再来秦国贡献才智,这就是借兵器给贼寇,资助粮食给盗贼啊。"

杀害同窗

嬴政览李斯上书,收回逐客之令,而李斯更为嬴政所重。李斯在荀子门下学习时,有同学韩非。韩非学成回韩国想帮助韩王振兴国家,韩王未任用。韩非愤而著书,阐述其强国之术,有人将其书带往秦国,嬴政览之,慨然道:"寡人得见此人,与之游,死不恨矣!"李斯说:"此乃韩非所著书。"建议嬴政急攻韩,毋使韩王用韩非而强国。秦兵攻势日猛,韩王窘急,派韩非入秦以救国难。

嬴政见韩非大悦,然相识日短,犹未委信。李斯自以才术不及韩非,而秦王爱其才,恐夺己位,于是与姚贾进谗言说,韩非出身于韩国王室,必定不会尽心为秦效命,留之为祸,不如陷以违法诛杀。嬴政听信谗言,将韩非下狱,未到行刑日,李斯先使人送毒药给韩非,迫令其自杀。嬴政很快就后悔将韩非下狱,派人赦免其罪,而韩非已死。

最终,李斯独得嬴政宠任。

韩非像
韩非(约前281年—前233年),生活于战国末期的韩国新郑(今属河南省新郑市)的思想家,为中国古代著名法家思想的代表人物,认为应该要"法""术""势"三者并重,是法家的集大成者。

前230年—前225年

赵王降,尽定赵地为郡。明年,燕使荆轲为贼于秦,秦王使王翦攻燕……秦使翦子王贲击荆,荆兵败。还击魏,魏王降,遂定魏地。

——《史记·白起王翦列传》

吞晋逐燕

秦国通过数十年蚕食三晋,终于决定将韩、赵、燕、魏一口吞下。韩王向秦卑屈称臣救不了他的国家,赵王愚蠢地临阵易将、诛杀贤良更是自取灭亡,燕国派出悲壮的刺客却招来雷霆之怒,魏国遭受大水灌城,谁也无力阻止秦军的战车。

灭韩时间
前230年

灭韩将领
内史腾

灭赵时间
前228年

灭赵将领
王翦

攻燕借口
荆轲刺秦王

攻燕将领
王翦、李信

攻燕战果
燕国迁往辽东

灭魏时间
秦王政二十二年(前225年)

灭魏将领
王贲

灭亡韩赵

韩非子死,韩王安震惧,请求向秦王称臣。时为秦王政十四年(前233年)。嬴政志在吞灭诸侯,不顾三晋割地称臣,连年出兵攻之。

秦王政十七年(前230年),内史腾(官位是内史,名为腾,不知其姓氏)率军攻韩,掳韩王安,韩国灭亡,韩王安被软禁于陈县(今河南淮阳)。

次年,嬴政遣王翦等三将攻赵,当时赵国名将李牧犹在。在此前秦将桓齮率军攻赵,于武遂(今河北徐水遂城镇)斩杀赵军10万人,攻占平阳(今河北邯郸磁县东南)、武城(今山东武城西)。赵王

李牧

李牧(?—前229年),战国时期赵国将领,与白起、王翦、廉颇并称"战国四大名将",战功显赫,生平未尝一败仗。先是在赵国北部边境抗击匈奴;后以抵御秦国为主,得到武安君的封号。秦王政十八年(前229年),赵王迁中秦国离间计,听信谗言将其杀害,三个月后赵国即灭亡。

遣李牧率赵军迎战，于宜安（今河北藁城西南二十里）大败秦军，桓齮畏罪不敢归秦，乃变姓名为樊於期（《战国策》说是战败被杀，《资治通鉴》记载"秦师败绩，桓齮奔还"，杨宽的《战国史》认为桓齮就是樊於期）逃往燕国，为燕太子丹所收留。

秦王政十五年（前232年），秦军又攻赵番吾（今河北平山南），再次为李牧所败。嬴政必欲灭赵，秦王政十八年（前229年），发重兵派王翦等3将攻赵，赵王迁（赵迁）派李牧、司马尚率军相拒。秦畏李牧，乃行反间之计，收买赵王迁宠臣郭开，令郭开进谗言说李牧、司马尚将谋反。赵王迁命赵葱及齐将颜聚到前线取代李牧，李牧不从，赵王迁又使人偷偷拘捕李牧，将其杀害，司马尚亦被夺去兵权。赵军临阵易将，以庸代贤，大败。秦军进围邯郸，翌年，赵王迁被俘，嬴政将其流放房陵（今湖北房县）。秦军打算乘势灭燕，屯军于燕赵边境。赵国公子嘉在国破后逃往代郡（治所在今河北蔚

人物故事图册之易水送别
清吴历绘。描绘的是荆轲刺秦王之前，太子丹及众宾客在易水岸边送别荆轲的情景。图中，宾客皆着白色衣冠，荆轲一袭红衣，驾车携带樊於期的人头、燕督亢之地图及徐夫人匕首。

县西南），自立为代王，与燕国合兵，屯军上谷郡。

荆轲行刺

燕太子丹为阻止秦军攻燕，决定

派荆轲入秦刺杀嬴政。荆轲说，要取信秦王，必须要将樊於期首级和燕督亢（今河北涿州东南有督亢陂）地图一并献上。燕太子丹不忍逼杀樊於期，荆轲私见樊於期说："秦国与将军的恩怨实在深厚，父母宗族全被诛杀。今闻秦王购将军之首以金千斤，封邑万户，有什么报仇的想法吗？"樊於期仰天长叹，涕泣道："我每每想起这些就痛入骨髓，但不知如何报此血仇。"荆轲道："今有一计，可解燕国之祸，又可为将军报得大仇。希望得到将军首级献给秦王，秦王必喜而见我，到时我左手握其袖，右手刺其胸，将军意下如何？"樊於期即自刎奉首。

燕太子丹以百金买得徐夫人所铸匕首，锋锐无匹，淬以剧毒，与宾客白衣临于易水之上，送荆轲及猛士秦舞阳入秦。荆轲至秦，将所携千金之资送嬴政宠臣蒙嘉。蒙嘉对嬴政说："燕王着实震怖于大王的天威，不敢再抵抗我们的军队，愿意举国称臣内属，就像是秦的郡县，只求能够奉守他们先王的宗庙。因恐惧不敢自陈其诚心，所以斩下樊於期的头颅，同时献上他们督亢之地的地图，封在盒子里，派使者拜送于秦，来听取大王的命令。"嬴政闻之大喜，盛朝仪以见荆轲、秦舞阳。

荆轲捧樊於期首级，秦舞阳捧督亢之地图前后趋步上殿，行至陛下站住。秦舞阳见秦君威仪，脸色大变，心生震恐，秦大臣见之皆疑怪。荆轲笑道："此北蕃蛮夷化外粗人，没有见过天子，所以不由得震惧。希望大王准许

荆轲刺秦王画像砖

咏荆轲

燕丹善养士,志在报强嬴。
招集百夫良,岁暮得荆卿。
君子死知己,提剑出燕京。
素骥鸣广陌,慷慨送我行。
雄发指危冠,猛气冲长缨。
饮饯易水上,四座列群英。
渐离击悲筑,宋意唱高声。
萧萧哀风逝,淡淡寒波生。
商音更流涕,羽奏壮士惊。
心知去不归,且有后世名。
登车何时顾,飞盖入秦庭。
凌厉越万里,逶迤过千城。
图穷事自至,豪主正怔营。
惜哉剑术疏,奇功遂不成。
其人虽已没,千载有余情。

——晋·陶渊明

臣上前将地图献上。"嬴政准许了。

荆轲就从秦舞阳手里取过地图,走上前献到嬴政面前,持地图一端缓缓打开,嬴政览图,图穷而匕见,荆轲左手抓住嬴政衣袖,右手拿起匕首刺向其胸口,嬴政反应迅速,起身避开,荆轲只斩断了嬴政衣袖。嬴政欲拔剑自卫,但宝剑过长,且剑鞘太紧,一时难以拔出,只好绕着大殿的柱子奔逃。

事发突然,大臣皆惊愕失措,因为秦法规定大臣上殿皆不得佩带兵器,殿外护卫之兵没有大王之召不得入殿,所以一时间无人救驾。荆轲追上嬴政,两人以手搏击时,只有太医将药囊投过去打荆轲,嬴政脱离了与荆轲的纠打后,继续绕着柱子逃,这时有反应过来的大臣喊:"大王将剑推到背后!"嬴政立刻反应过来,将腰悬的宝剑推到背后,反手拔出剑,挥击荆轲,斩伤了荆轲大腿,荆轲不能追斗,向嬴政投掷出匕首,匕首击中柱子,嬴政上前来,剑刺荆轲。

荆轲身受八处重伤,自知事不成,倚柱而笑,箕踞(两脚张开,两膝微曲地坐着,形状像箕,是一种轻慢傲视对方的姿态)而骂:"大事之所以不成,原本是想生擒,迫使写下不攻燕国的信约以报答太子丹知遇之恩。"嬴政左右上前杀了荆轲,嬴政呆立良久。

逐燕灭魏

刺杀事件令嬴政大怒,大发兵于赵,令王翦灭燕。王翦举兵攻燕,燕国和代王嘉联军共拒秦兵。

秦王政十九年(前228年),王翦破燕、代联军于易水。次年,秦军攻克燕都蓟城(位于今北京),燕王喜(姬喜)、太子丹率精兵退守辽东(今辽河以东)。嬴政命将军李信追击燕王父子,代王嘉怕秦军一旦灭燕,则孤立无援,写信给燕王喜,劝其杀太子丹向秦谢罪。燕王喜遂杀太子丹,送首级于秦且谢罪,然而此举并没有使秦兵撤退。

秦王政二十二年(前225年),嬴政命王翦之子王贲攻魏,包围大梁(今河南开封),引黄河之水灌城,3月而城破,魏王假(魏假)出降,魏灭。

> 前225年—前221年

二十五年，大兴兵，使王贲将，攻燕辽东，得燕王喜。还攻代，虏代王嘉。王翦遂定荆江南地……

——《史记·秦始皇本纪》

扫平天下

嬴政认为统一大业已是朝夕之事，任用热血气盛的年轻将领攻打楚国，却遭受惨败，不得已亲自请老将出山，以举国之兵攻楚。王氏父子，仅用三年时间，灭亡楚国，俘虏燕王，迫使齐王束手而降。

灭楚战争时间
前225年—前223年

秦楚将领
秦军：李信、蒙恬、王翦、蒙武
楚军：项燕

秦楚兵力
秦：前期20万人，后期60万人
楚：不详

胜负
秦军第一阶段李信战败，第二阶段王翦取胜

灭燕、代时间
秦王政二十五年（前222年）

灭齐时间
秦王政二十六年（前221）

灭燕、代、齐将领
王贲

秦·镶嵌云纹弩机
1974年湖南长沙出土。扳机一侧有铭文11字，标明此弩做于秦王政二十三年（前224年），及主管官吏和工匠的姓名。用于远射。现藏于湖南省博物馆。

李信辱军

三晋已灭，燕王喜度残日于辽东，秦兵挥戈欲灭齐、楚。齐国，早已成为秦远交近攻战略的一颗棋子，秦昭王后期以来与齐交好，各不相攻，而齐国不以招贤强国为务，闭门自守，坐看秦攻诸侯而不救。楚国，自秦昭王任用白起为将以来，秦国步步进逼，楚军每战皆败。在吞并六国的战略中，齐国是最后的目标，故秦军先攻楚。

在王翦率军攻破燕都蓟城的那一年，嬴政即已派王翦之子王贲攻楚，掠取10余城。燕王喜逃到辽东后，王翦因病回家休养。所以，年轻的将军李信率兵数千人往辽东追杀燕王喜、太子丹父子，又在辽东大败太子丹的军队，最终迫使燕王喜杀太子丹并送其首级于秦谢罪，所以李信大为嬴政所爱赏。在灭魏的同一年，嬴政决定发起灭楚之战。战前，嬴政问李信："吾欲攻取荆国（嬴政父名子楚，因避讳故称楚为荆），将军以为当用多少军队？"李信道：

"不过用20万人。"嬴政又问王翦，王翦说："非60万人不可。"嬴政道："王将军老矣，如此胆怯！李将军果然壮勇，其言甚中我意。"于是，嬴政命李信、蒙恬统兵20万人攻楚。王翦见嬴政不纳其言，便解甲归田回到频阳东乡(今陕西富平东北)养老。

李信、蒙恬进入楚境，分兵略地，李信攻平舆（今河南平舆北），蒙恬攻寝（今安徽临泉），皆大破楚军。李信乘胜进兵再败楚军后，撤军向西与蒙恬会师城父（今安徽亳州东南城父集）。在李信率军西行时，楚军一路悄悄尾随，待李信刚到城父扎营放松警惕，忽然发动猛攻，大败李信军，秦兵被迫后撤。

王翦定楚

战报很快送到咸阳，嬴政大怒，亲自前往频阳请王翦挂帅出征。见到王翦，嬴政致歉道："寡人不用将军之计，果令李信败辱秦军，今闻荆兵逐日向西推进，将军虽病，何忍便弃寡人而不顾！"王翦推谢道："老臣身遭病缠，头脑昏乱，请大王另择良将。"嬴政固请道："寡人意已定，将军不要再说了！"王翦道："大王如必不得已用臣，非60万人不可。"嬴政道："唯听将军之计。"

秦王政二十二年（前225年），嬴政发兵60万人，以王翦为帅，再行攻

王翦像
王翦，秦国名将，关中频阳东乡（今陕西富平东北）人，主要战绩：破赵国都城邯郸，消灭燕和赵；以秦国绝大部分兵力消灭楚国后，接着率领平楚大军南下平定百越。与白起、廉颇、李牧并称战国四大名将。

楚。出征之日，嬴政亲自送行至霸上（今陕西西安东，即如今的白鹿原）。临行，王翦请求嬴政多赐上等田宅园池，嬴政道："将军尽管出征，还用担心贫穷吗？"王翦道："为大王统兵征伐，有大功终究不得裂土封侯，所以只能趁着大王还对老臣有眷宠，想尽早为子孙多谋些田宅产业。"嬴政大笑，答应了。

但是，王翦率军将要出关时，又前后5次派出使者去见嬴政，求赐美田。王翦身边的人忍不住对他说："将军向大王请求赏赐，也太频繁了。"王翦道："你不知道我的用意，大王骄狠而难以信人，如今把国家的军队全部交给我统率，我不多请赐田宅以显示自己

只是贪图钱财，岂不是会让大王终日怀疑我可能会谋反吗？"

楚国闻王翦率军前来，亦发举国之兵，以项燕为统帅抗拒秦军。两军相遇，秦军深沟高垒而守，面对楚军的连番挑战，终不出兵。王翦闭营休养士卒，与士卒同饮食，尽心抚恤。如此对垒一年，楚军粮草不继，士卒皆疲，项燕不得已引兵向东撤走。这时，王翦问军吏，军中将士在玩什么，军吏回答说，将士们都在玩比赛投石的游戏，比谁投得远。王翦听后，拊掌而道："将士们可以使用了！"于是擂鼓整军，向东追击楚军。疲惫的楚军遭受养精蓄锐的秦兵猛攻，顷刻瓦解。

秦军一路挺进，攻克楚国都城郢都（今安徽寿县），俘虏楚王负刍（芈负刍），嬴政迫不及待地来到这片新征服的疆土上巡游一番。而项燕拥护楚王负刍之弟昌平君在淮南即楚王位，以吴越之地与秦对抗。次年，王翦与蒙武进击淮南，再次大败楚军，项燕自杀，昌平君亦死，楚国灭亡。

三王受俘

楚国灭亡的次年，秦王政二十五年（前222年），嬴政以王贲为统帅，发重兵进击辽东，俘虏燕王喜，燕国正式灭亡。而后，王贲回师攻代国，俘虏代王嘉。

这时，六国只剩下齐国独存。齐国有贤大夫向齐王建（田建）进言，认

少年轻兵去不回，
荆人胜气鼓如雷。
将军料敌元非怯，
能使君王促驾来。
——宋·李复

王翦

为齐国山河数千里，甲士百万。三晋和楚国虽亡，但是他们的亡国大夫皆不愿意做秦国的臣子，纷纷聚集起来，各有数百家，如果将他们收为己用，以百万之兵相助，可以使三晋和楚复国，则齐师可入临晋关和武关，如此，则齐国威势可立，就能反过来灭亡秦国。

齐王建忧惧懦弱，不能用此计谋，反而听信了相国后胜的谋划，仓促发兵镇守其西部边界，同时断绝了与秦国的邦交关系。然而这正给了秦国出兵攻齐的借口。

秦王政二十六年（前221年），嬴政命屯军于燕地的王贲率军南下进攻齐国。此时，齐王建身边布满了早已被秦国收买的奸佞小人，这些人纷纷劝说齐王建不要做无谓的抵抗，主动向秦国投降，而相国后胜亦劝齐王早降。齐王建遂下令举国不许抵抗，向秦军投降，齐国灭亡。

秦·青铜铍
出土于陕西秦始皇陵兵马俑坑。铍与短剑相似，长身尖锋，器身有六面，柄呈长方形，有孔，柄上有铭文。

> 前221年

王曰："去'秦'，著'皇'，采上古'帝'位号，号曰'皇帝'。他如议。"

——《史记·秦始皇本纪》

制定帝号

作为历史上第一个真正统一中国的人，嬴政自诩功德盖过三皇五帝，秦王之号配不上他所建立的一切，他要创立前所未有的王者之号，要创立一套王者专用的名制，以彰显他作为人世主宰的至尊无上。

时间
前221年

主要议事大臣
丞相王绾、御史大夫冯劫、廷尉李斯

议定
天子自称"朕"，天子颁布文书称"制"和"诏"

天子名号
嬴政自定名号为皇帝，称"始皇"

第一道诏命
废除谥法

位于陕西临潼秦始皇陵广场的秦始皇雕像

自秦王政十七年（前230年）灭韩始，至秦王政二十六年（前221年）灭齐终，秦国只用10年时间便完成统一九州的大业。这次的九州一统，与夏商周完全不同，秦王所控制的疆土之广，超过以往任何一代。

嬴政意志雄迈，以为自古以来，功业之盛，未有如己者，因袭前代之号，不足以昭示天下万代，乃下令于丞相、御史等重臣道："之前韩王献出土地奉上玺印，请求做秦国藩臣，随后背约，与赵、魏合谋叛秦，所以秦国兴兵灭亡韩国，俘虏韩王。寡人以为足以慑服诸侯，应该可以避免再行攻伐。赵王遣其相国李牧来结盟，所以秦国归还他们的质子，随后他们就背盟，在太原反叛，所以秦国兴兵灭亡赵国，俘虏赵王。赵公子嘉自立为代王，所以我派兵灭亡他。魏王起初约定臣服入秦，随后与韩、赵合谋袭秦，秦兵伐之，灭亡魏国。荆王（楚王）先是献上青阳（今安徽青阳）

以西之地，随后背约，袭我南郡（今湖北武汉以西至四川巫山以东；郡治设在今湖北江陵东北郢城，后迁江陵），所以我发兵进攻，俘虏荆王，平定荆地。燕王昏乱，其太子丹竟然派刺客荆轲来杀寡人，所以我发兵灭亡燕国。齐王用后胜之计，断绝秦国使者，图谋叛乱，所以我又发兵灭亡齐国，俘虏齐王，平定齐地。寡人以卑微的德行，兴兵诛暴乱，赖宗庙祖宗保佑，六国的君主都偿还了他们的罪过。如今天下大定，不更改王者的名号，不足以彰显成功，传之后世。各位大臣可议论一下帝号。"

丞相王绾、御史大夫冯劫、廷尉李斯等重臣议论后，上言："五帝之时，国家方圆千里，千里之外有侯服、夷服（古代王畿外围，以五百里为一区划，由近及远分为甸服、侯服、绥服、要服、荒服，合称五服）之地，诸侯或来朝拜，或不来朝拜，天子没有能力约束。如今陛下以正义的军队，诛杀祸害百姓的残暴者，平定天下，四海之内皆为郡县，法令统一，自上古以来未曾有过这样的功业，就是五帝也比不上。臣等慎重与诸博士议论曰：'古有天皇，有地皇，有泰皇，泰皇之号最尊贵。'臣等昧死（冒昧不避死罪）上尊号，大王可称尊号为'泰皇'，命臣子之书

秦·两诏文空心铜权
此铜权权身被设计为空心钟形，铭文即鎏刻在瓠枝间的平面上，一个是秦始皇的诏书40个字，一个是秦二世的诏书59个字，它们是秦代关于度量衡制度著名的"两诏"。"两诏"的颁布是秦代巩固政权、安定社会、发展经济的重大举措，充分显示了秦王朝对统一度量衡制度的高度重视，对后世产生了极其深远的影响。此权现收藏于陕西省博物馆。

称'制'，宣示天下臣民之书称'诏'，自称'朕'。"

嬴政考虑后，认为"秦皇"也是前代已有之号，不足以彰显自己前无古人之功业，决定除去"秦"字，采用"皇"，更采上古"帝"号位，号曰"皇帝"，其他议论的事项准许。接着又下制说："朕闻太古之时，只有名号，而无谥号。中古有号，死后以其生前的言行追谥。如此，则是子议其父，臣议其君，甚是不知所谓，朕不这样做。自今以后，废除谥法。朕为始皇帝，后世之君以数称，二世三世至于万世，传之无穷。"

至于此前君王大臣使用的玺印，从此规定只有皇帝的印称为"玺"，用玉制，臣子之印不得用玉制作。当时，嬴政所用的玉玺，上刻李斯所书的"受命于天，既寿永昌"（一说作"昊天之命，皇帝寿昌"）8字，这就是后世所称的传国玉玺。

> 前221年

分天下以为三十六郡，郡置守、尉、监。更名民曰"黔首"。

——《史记·秦始皇本纪》

郡县之制

前所未有的庞大帝国，必须建立一套可以确保长治久安的政治体制，始皇及群臣破除前代体制，创立新制，并在秦国之前的官职基础上，设立新的官职，务使整个帝国能够完全操控于皇帝一人之手。

时间
前221年

丞相王绾等建议
行分封制，分封皇帝子孙为王

廷尉李斯建议
行郡县制

定议
采用李斯建议

郡的数量
初时36个，后期可能48个

意义
确立国家政体为中央集权制

中央官职体系
公卿制

定立郡县

秦既兼并天下，群臣图谋长治久安之策。

丞相王绾等大臣上言："今初灭诸侯，燕、齐、荆（楚），距咸阳甚远，难以控制，不树置藩王，难以镇守。应分封诸皇子为王，请陛下恩准。"始皇命群臣共议此事，群臣皆表示赞同。只有廷尉李斯说："周朝立国之初，分封子弟甚多，然而其后世皆日益疏远，相互攻击如仇雠，诸侯更相兼并，周天子无力禁止。幸赖陛下神威，一统海内，诸侯之地尽为郡县，诸皇子功臣，国家都用钱财供养着，非常容易管制。使天下再也没有谋反和不受控制的祸患，便是长治久安之术。臣以为分封诸侯不便。"

始皇赞赏李斯之议，道："此前，天下之所以长久陷于战争，正因有诸侯。赖祖宗之灵，朕扫平天下，如若再分封诸侯，那就是树兵立敌，欲求安宁，那不是太困难了吗！廷尉的议论妥当。"

秦·始皇诏"瓜棱形五斤权"
铭文为"廿六年，皇帝尽并兼天下诸侯，黔首大安，立号为皇帝。乃诏丞相状、绾，法度量则不壹，歉疑者皆明壹之"，现藏于西汉南越王墓博物馆。

石刻画《秦始皇》
此石刻画为东莞隐贤山庄壁画,石刻细腻伟神,把秦始皇的威严展现得淋漓尽致。

于是,始皇初分天下为36郡:以咸阳(今西安)为治所的内史郡、以肤施(今陕西榆林东南)为治所的上郡、以江州县(一说初置阆中县,后移治江州县,今重庆江北区)为治所的巴郡、以南郑(今陕西汉中)为治所的汉中郡、以成都(今成都)为治所的蜀郡、以安邑(今山西夏县北)为治所的河东郡、以狄道(今甘肃省临洮南)为治所的陇西郡、以义渠(今甘肃宁县西北)为治所的北地郡、以江陵(今湖北荆州)为治所的南郡、以宛县(今河南南阳)为治所的南阳郡、以长子(今山西长子)为治所的上党郡、以洛阳(今河南洛阳东北)为治所[一说以荥阳(今河南荥阳东北)为治所]的三川郡、以晋阳(今山西太原西南汾水东岸)为治所的太原郡、以濮阳(今河南濮阳)为治所的东郡、以云中(今内蒙古托克托东北)为治所的云中郡、以善无(今山西右玉西南)为治所的雁门郡、以阳翟(今河南禹州)为治所的颍川郡、以邯郸(今河北邯郸)为治所的邯郸郡、以巨鹿(今河北平乡)为治所的巨鹿郡、以沮阳县(今河北怀来大古城北7里)为治所的上谷郡、以渔阳县(今北京密云西南)为治所的渔阳郡、以平刚(今内蒙古赤峰宁城西南)为治所的右北平郡、以阳乐(今辽宁义县西)为治所的辽西郡、以砀县(今河南永城芒山镇)为治所的砀郡、以相县(今淮北相山区)为治所的泗水郡(亦名泗川郡)、以鲁县(今山东曲阜)为治所的薛郡、以寿春(今安徽寿县城关镇)为治所的九江郡、以襄平(今辽宁辽阳)为治所的辽东郡、以代县(今河北蔚县西南)为治所的代郡、以吴县(今江苏苏州城区)为治所的会稽郡、以湘县(今湖南长沙)为治所的长沙郡、以临淄(今山

琅邪刻石

刻于秦始皇三年（前219年）。秦始皇兼并六国后，曾5次巡视郡县，以示威仪，并刻石颂扬统一海内的功德。这是秦始皇东巡到琅邪郡（今山东胶南西南）时所立刻石的后半部。现藏于中国国家博物馆。

的桂林郡、以临尘（今广西崇左）为治所的象郡、以九原（今内蒙古包头）为治所的九原郡、以郯县（今山东郯城）为治所的东海郡、以东垣县（今河北石家庄东）为治所的常山郡（亦称恒山郡）、以博阳（今泰安岱岳区旧县村）为治所的济北郡、以即墨（今山东平度东南）为治所的胶东郡、以怀县（今河南焦作市武陟县阳城乡土城村）为治所的河内郡、以邾县（今湖北黄冈北）为治所的衡山郡、以鄣县（今浙江安吉西北鄣吴镇）为治所的鄣郡，以番阳县（今江西波阳东北）为治所的庐江郡，共48郡。

郡县官职

郡中最高长官称郡守，秩两千石（俸禄两千石米，秦代一石约合今30.75千克），主管一郡文武政务。郡守辅佐之官有郡尉、郡丞、郡监，郡尉秩比两千石，俸禄比郡守稍少，辅佐郡尉掌管郡中兵马，查捕贼匪也在其职权范围内；郡丞，秩六百石，辅佐郡守处理军事之外的各种政务；郡监，虽然官职卑于郡守，但其直接受中央监察御史所领导，是中央派往郡中负责监督郡守、郡尉等大小官吏的官员。此外，处于边塞地区的郡，郡守之下，还设有长史一职，秩六百石，亦负责掌管兵马。

郡下的行政机构是县，凡辖区户口过万的大县，其长官称县令，秩千石至六百石；辖区户口不满万户的小县，

东淄博）为治所的齐郡、以琅邪（今山东诸城市）为治所的琅邪郡、以沅陵（今湖南怀化沅陵县太常乡窑头村）为治所的黔中郡、以蓟县（今北京）为治所的广阳郡、以陈县（今河南淮阳）为治所的陈郡、以侯官（今福建闽侯）为治所的闽中郡。

此后，随着对荒远地区的有效统治，以及对各郡辖区的调整，又增加了以番禺县（今广东番禺）为治所的南海郡、以布山县（今桂平市西南）为治所

秦·半两

在秦统一六国之前，各国钱币的形状不一，如铲币、刀币、环钱等，且只能在各自统辖的范围内流通。秦始皇在统一六国后，确定统一法律、度量衡、货币和文字，废止了战国后期六国旧钱，在战国秦半两钱的基础上加以改进。圆形方孔的秦半两钱在全国通行，结束了中国古代货币形状各异、重量悬殊的杂乱状态。

其长官称县长。县令（长）之下，又有县丞、县尉，秩二百石至四百石，统称为"长吏"，另有令史等官，称为"属吏"，皆辅佐县令（长）处理县中文武政务。

县下行政机构是乡，乡中有啬夫、三老和游徼。啬夫是乡的最高长官，主要职权是听揽诉讼、催缴赋税；三老的职权是宣布教化，使百姓驯良，遵守道德及法令；游徼的主要职责是巡察乡里，发布文告，协助上级搜捕缉拿盗贼，严防各种犯罪。

乡的下一级行政单位是里，长官称里正，里正负责村里事务，里中又有以十户为基准单位编成什和以五户为基准单位编成的伍，什伍是秦帝国最底层的行政机构。

中央官职

郡县直接由中央领导，中央的官职由公卿构成，其中，三公——丞相、太尉、御史大夫——地位最高，是直接辅佐皇帝的官吏。丞相，金印紫绶（官印黄金刻成，以紫色绶带系印），帮助皇帝处理政务。秦朝设左右丞相，始皇统一天下后，第一任左右丞相是隗状、王绾，第二任左右丞相是李斯和冯去疾。始皇在位之时，丞相不过备位而已，政无大小，悉决于始皇。太尉，金印紫绶，掌管帝国军队，但有史家认为始皇时期，太尉一职可能虚有其名，并未正式委任官员，因为始皇要直接掌管帝国军队；御史大夫，银印青绶，辅佐丞相处理政务，但直接受皇帝领导，主要职责是监察包括丞相在内的百官、主理大案、承转皇帝诏令制书、接受百官奏事转达于皇帝，还兼掌图籍文书及记事之任。

三公之下是负责各类政务的众卿，后世统称为"九卿"，主要官职是奉常、郎中令、卫尉、太仆、廷尉、典客、典属国、宗正、治粟内史、少府、中尉、将作少府、主爵中尉等。

奉常，掌管宗庙礼仪，属官有丞、太宰、太史、太卜等，还置有博士数十名，以备咨议。

郎中令，掌管皇宫宿卫，侍从于皇帝左右，属官有大夫、郎、谒者。大夫掌论议；郎掌守门户，皇帝出行充当随从车骑；谒者掌宫内传达事务。

卫尉，为皇宫禁军统领，负责守护皇宫安全。

太仆，掌管皇宫专用车马，皇帝出行时，

秦·文官俑
头顶单板冠，颈围红色的"臃颈"（围巾），穿交领右衽长袍，神情怡然，充满生趣。现藏于陕西历史博物馆。

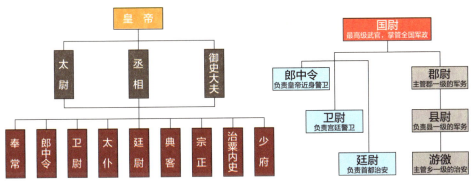

秦朝中央官制体系　　　　秦朝军队官制体系

负责安排车驾次序，有时亲自为皇帝驾车。

廷尉，掌管帝国刑法，依法审理狱讼，属官有廷尉正和廷尉左、右监。

典客，掌管礼宾事务，主要负责各国君长、使臣及少数民族首领来朝时的迎、送、接待。属官有行人、译官等。

典属国，掌管自动臣服于帝国的少数民族事务，其属官有九译令等。

宗正，掌管皇室宗族及外戚事务。

治粟内史，主要掌管帝国钱谷、租税等财政的收入和支出，同时兼管农田、水利、农业行政、粟帛储运等，其属官有太仓、平准、五令丞等。

少府，掌管山海池泽所收的赋税，以供皇帝及皇室取用。为皇室和官府制造器具的工匠、役夫、奴隶皆受其管辖。有尚书、符玺、太医、乐府、导官、中书、谒者、令丞等大批属官。

中尉，主要负责京城戍卫、警备和搜捕盗匪。

将作少府，掌管宫廷、宗庙、皇陵等建筑、修葺等事务。

主爵中尉，主要掌管跟百官爵位有关事务。

三公九卿之上，便是皇帝。这一新型政治体制的建立，能够确保始皇洞悉帝国中心及万里之外的大小事务，整个帝国便可顺利运行。盘古开天地以来，没有任何一位天子能有如此仰不可及的威权。

秦·错金银"乐府"钟
乐府钟青铜质地，高13厘米，有错金蟠螭纹、流云纹、错银云纹、阳线云雷纹饰于钟上。钮部刻有"乐府"二字，证明秦代已经设有乐府机构，是研究古代官署制度的珍贵资料。现藏于秦始皇帝陵博物院。

> 前221年

一法度、衡、石、丈、尺，车同轨、书同文字。

——《史记·秦始皇本纪》

开国建制

秦、赵、魏、韩、齐、楚、燕独立成国，各有其法律、文字字体、度量衡、货币规制、车轮轨距。七国合而为一，国家要想正常运转，就必须在这些方面也完成统一，大一统的国家才能真正建立起来。

时间
前221年

法律统一
颁行《秦律》

度量衡统一
确定寸、尺、升、斗、斤、石的单位数值

货币统一
以黄金为上等货币，铜钱为下等货币

车轨统一
确定车辆的标准轨距

苛细秦律

嬴政在李斯等人的辅佐下建立起统治架构的同时，将被统治的阶层——人民，更名为"黔首"，并推行以秦国法律为蓝本制定的统一律法——《秦律》。

《秦律》是秦朝维护其统治的重要工具，可惜已经失传。1975年12月，湖北云梦睡虎地的秦墓中出土了1000多支竹简（1978年出版了《睡虎地秦墓竹简》），所记载内容大部分是秦的法律条文以及解释律文的问答和有关治狱的文书程式。由秦简可知，秦法的条文极其细密，如清楚列明偷桑叶为赃物价值不满1钱，也要罚服劳役1个月；而如果是5人以下合伙偷盗，赃物价值在1钱到220钱，就要全被处以流放。还有，服徭役延误3至5天如何处罚，延误6到10天怎么处罚，延误超过10天如何处罚，服

秦·青铜罐
秦代的工艺美术品种主要有青铜器、漆器和陶器。秦代的青铜器有一部分为秦并六国后陆续从别的国家运来的、具有其他国家特色的器皿，还有一部分为秦自己地方特色的器皿。

完兵役回乡如果丢失了凭证文书又如何惩罚。可以说，每个秦朝百姓的生命安危都系于法律，稍有不慎就会遭受处罚，轻则罚款服徭役流放，中则罚没家产配为奴隶，重则处死灭族连坐。

经济统一

完成政治、法律上的统一后，紧接着是进行经济、文化、交通方面的统一。

经济统一的措施是统一度量衡和货币。春秋战国之时，各个诸侯国的经济发展水平、文化背景、风俗传统等都有或大或小的差别，使得其度量衡和货币都自成体系，甚至是一国之内不同地域的度量衡和货币都存在差异。比如以计量单位来说，从传世的战国铜尺来看，洛阳金村铜尺长23.1厘米，安徽寿县楚铜尺长22.5厘米，长沙两件楚铜尺分别为22.7厘米和22.3厘米。在量制方面，齐以升、豆、区、釜、钟为单位，而魏以益、斗、斛为单位。衡制方面，赵以钚、镒为单位，而楚的衡器为天平砝码，以铢、两、斤为单位。

度量衡作为商品交换的必需工具，以及衡量百姓缴纳赋税的必需工具，与国家的赋税收入有着直接的关系。所以统一度量衡，是维护国家经济生活稳定的重要措施之一。秦始皇统一度量衡后，长度一寸为2.31厘米，一尺为23.1厘米；容量一升为201毫升，一斗为2010毫升；重量一斤为256.25克，

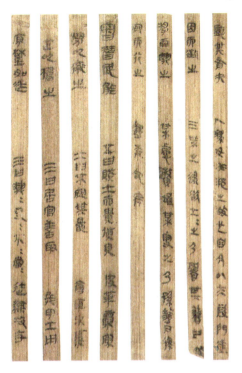

秦·《秦律十八种》竹简（局部）
1975年湖北云梦睡虎地11号墓出土，现藏于湖北省博物馆。从中可以看出，秦律是秦始皇统治全国的有力武器。

一石（120斤）为30.75千克。

货币制度在战国同样很混乱，各国不仅币值、币质不同，连铸币权也不尽相同。秦、楚由国家直接掌握铸币权，魏、赵、韩、齐等国，除国家铸币外，地方及一些大城市也可以独自铸币。系统地划分，当时有四大类货币，一是形似农具中铲形的布币，主要流通于魏、赵、韩。这种布币又有空首布、圆肩方足圆跨布、方肩方足圆跨布、方肩尖尺圆跨布、方肩方足方跨布等多种。二是刀币，形状像刀，主要流行于燕、赵、齐三国，燕、赵刀较小而多方头或圆头，齐刀较大而多尖头。三是圆

贝币　布币　→　秦·半两
蚁鼻钱　刀币

钱，形圆中有孔，分方孔和圆孔两种，主要流行于秦、东周、西周以及赵、魏沿河地区。秦圆钱不铸地名，仅铸币值单位，东周、西周圆钱则铸有"东周""西周"字样。四是郢爰、铜贝，只流行于楚国。郢爰是一种铸有"郢爰""陈爰"等印文的金饼。铜贝作为郢爰等的辅币，形似海贝，俗谓"蚁鼻钱"。秦始皇统一货币后，全国只流通两种货币——金和钱，以黄金为上等币，单位是镒；以铜钱为下等币，铜钱圆形方孔，铸文"半两"以标示其面值。金和钱之间的换算是，一镒金等于20两，即40钱。

同文同轨

文化统一的措施是统一文字。战国时，各国汉字的书写笔画繁多而字体各异，即便一国之内对同一个字的写法都不同，如"马"字，在楚、燕、三晋各有两种写法，在齐国更有三种写法。文字的混乱，对于文书记载、颁布诏令等所带来的不便非常严重。秦始皇接受李斯的建议下令统一天下文字，主要是废弃与秦文不合者，并对秦文进行适当革新，然后由李斯书《仓颉篇》、中车府令赵高书《爰历篇》、太史令胡毋敬书《博学篇》三文为统一文字的范本，此三文皆取史籀大篆，或颇省改，故称"小篆"。小篆之外，又有书写和辨认更加容易的隶书为标准字体，关于隶书的发明，《汉书·艺文志》说"是时始

统一前"马"字的不同写法		
秦		
齐		
楚		
燕		
韩赵魏		
统一后秦篆"马"字写法		

建隶书矣，起于官狱多事，苟趋省易，施之于徒隶也"，即小吏因狱讼事多，在经常急促的不规则的草书篆体过程中，逐渐创造出来的。

交通上的统一措施是"车同轨"。战国时各国车子的轨距不同，譬如今日世界各国火车轨距不尽相同。古代大部分土路都是经过车子人行开拓出

秦驰道示意图
公元前222年开始，秦王政开始修筑以国都咸阳为中心，向四周延伸的标准化道路，道路均宽50步，可并驰2车。用以保障六国旧地管理和战争前线补给，及始皇帝的巡山畅通。最著名的驰道有出今高陵通上郡（陕北）的上郡道，过黄河通山西的临晋道，出函谷关通河南、河北、山东的东方道，出今商洛通东南的武关道，出秦岭通四川的栈道，出今陇县通宁夏、甘肃的西方道，出今淳化通九原（现包头附近）的直道等。

秦·小篆字
释文：海内皆臣，岁登成熟，道毋饥人。

来的，车轨统一后，道路的宽窄也就统一了，有利于提高交通快捷度。

各个方面的统一，保证了帝国可以正常有序地运作，奠定了大一统国家迈向成熟的重要基础。

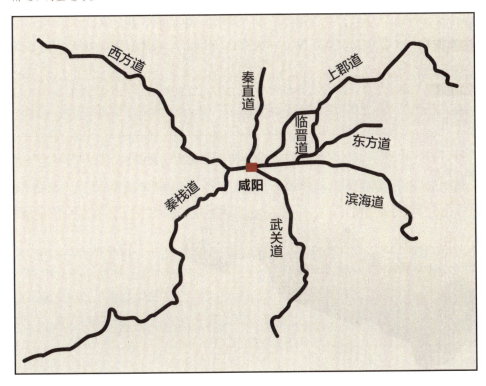

> 前225年—前221年

秦每破诸侯，写放其宫室，作之咸阳北阪上，南临渭，自雍门以东至泾、渭，殿屋复道周阁相属。

——《史记·秦始皇本纪》

众役并兴

嬴政在进行灭六国战争的同时，大肆建筑宫殿。六国灭亡后，本该让百姓休养生息，恢复社会生产力，但嬴政却投入极其巨大的人力、物力进行着一项项规模宏伟的工程，其出发点，既为帝国的长治久安，也为个人的无尽享乐。

主要工程
铸造金人、迁徙豪强、建造宫殿、修建驰道

金人规格
每个重30.75吨，共12个

迁徙豪强数量
超过12万户

宫殿规模
东西绵延400千米

驰道规格
宽69.3米

秦·脊瓦
西安市临潼区秦始皇陵园出土。脊瓦是屋脊上的瓦，为方便排水而造。

为了进一步消除天下谋反的隐忧，秦始皇在推行各种统一政策的同时，实行收缴兵器和移民的策略。

战国时，天下尚武，平民亦可带剑携刃。始皇下令将民间兵器悉数收缴（当时兵器基本是铜质），在咸阳统一熔炼后，铸造成十二个巨人铜像。《汉书·五行志》云"有大人长五丈，足履六尺，皆夷狄服，凡十二人，见于临洮，故销兵器，铸而像之"，故可知这十二个巨人铜像，皆是"夷狄"服貌，足有11.5米高（秦代一丈等于今2.3米），"各重千石"，即每个重约30.75吨。12个巨人铜像铸造完成后，被安放于皇宫之中，气势慑人。

而由于六国豪族富势之家众多，秦始皇下令将这部分人——12万户——全部迁徙到咸阳，处之于帝国中心。

而将次一等的富户大族迁徙到边远之地，数千里迁徙之路，这些六国遗民只能在秦兵的监押下步行推车前行。

除了迁徙六国移民外，之后随着帝国对边远地区的开发，推行垦戍制度，帝国腹地的数十万百姓断断续续被迁徙到边地，充实边塞人口，以戍卫边疆。

进行灭六国的战争中，秦每攻灭一国，除了将宫中美人和财宝全部运回秦国，还命令画师将其宫殿全部画下来。然后，秦国工匠根据图画，将六国宫殿全部在关中地区复原重建，建好后，将六国美人以及钟鼓等礼乐器具充实于其中。《史记正义》描述其宫殿规模云："北至九嵕、甘泉，南至长杨、五柞，东至河，西至汧渭之交，东西八百里，离宫别馆相望属也。木衣绨绣，土披朱紫，宫人不徙。穷年忘归，犹不能遍也。"《三辅旧事》又说，始皇以黄河为宫宇东门，以汧水（今千河，渭河左岸支流）为宫宇西门，咸阳内外共有宫殿145座，后宫美人万余人，"气上冲于天"。如此殿宇规模，已经千古独有，然而始皇之心犹不足，更在渭水南岸修建了一座新宫，初命名为"信宫"，后来因此宫殿布局造作模仿宇宙星斗，故更名为"极庙"。又自极庙修道通往骊山，与同为新建的甘泉前殿相连。再从甘泉前殿修甬道直通咸阳。可是，数年之后，秦始皇又嫌这些宫殿太小，于是，征调天下民夫、奴隶、囚徒，修造规模更空前绝后的阿房宫。阿房宫没有建完，始皇便驾崩，同时，修造规模可与阿房宫相比的还有始皇陵。

修筑驰道，是另一项浩大的建筑工程。驰道被今人称为古代高速公路，从关中延伸出来，向东到达黄海之滨，向北到达现在的内蒙古，向南到达东海之滨及福建、广西，道路宽度竟达到69.3米（秦代一步等于今1.386米）。这么宽的道路，按照礼制，却只有始皇才可使用。

陕西西安秦阿房宫六宫门前的铜人像
秦阿房宫是秦王朝的巨大宫殿，是中国历史上最著名的宫殿建筑群，始建于秦始皇十年（前212年）。铜人像是秦始皇集天下兵器所铸造。

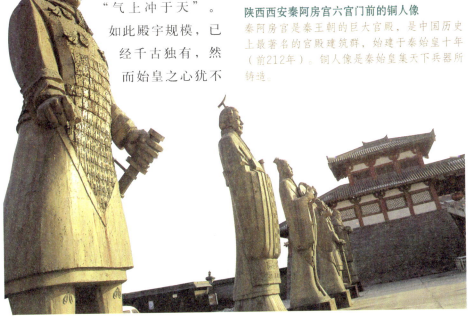

前219年

二十八年，始皇东行郡县，上邹峄山。立石，与鲁诸生议，刻石颂秦德，议封禅望祭山川之事。

——《史记·秦始皇本纪》

封禅之行

始皇认为有必要向皇天后土禀告自己的盛大功德，同时也要向天下百姓彰显大秦帝国的强盛稳固，于是，进行一场封禅大典就成为政治上的必要。儒生们本来积极拥护始皇的决定，却最终因为一句建议，只能站在山脚下仰望泰岳。

时间

前219年

登临之山

邹峄山（今峄山）、泰山、梁父山、琅邪台

典礼地点

泰山之巅、梁父山

纪念形式

刻石颂功

政治意义

向天地禀告功业大成，向天下展示帝国强盛

封禅，是天子治理国家认为达到很强盛、个人功德很大的时候，祭祀天地的礼仪。泰山为五岳之尊，被古人认为离天最近，所以成为封禅大典的固定行礼场所。

秦始皇三年（前219年），秦始皇率领重臣及大批禁军离开咸阳，向东巡行郡县，御驾为六匹骏马。秦定天下后，始皇定"六"为吉数，《史记·秦始皇本纪》曰"数以六为纪，符、法冠皆六寸，而舆六尺，六尺为步，乘六马"，所以其冠服车驾以至各种可以用数字标示的，皆取数字"六"，或六的倍数。

另外，秦始皇推崇五行之德，认为周是火德，秦取代周得天下，是水德，水德方位属北，色为黑，故秦之旌旗衣服皆尚黑色。而年岁以十月为岁首，即以农历十月为正月，举行正旦朝贺。

秦始皇车驾至齐，上邹峄山（今峄山，位于山东邹城东南10千米处，海拔582.8米），与齐鲁诸儒生共议论，刻石于山上，颂秦功德。议论了封禅之

秦·青铜钟

事后,得到众儒生赞同。而后,秦始皇命儒生70人随驾前往泰山行封禅大礼。

来到泰山脚下,议论如何上车行礼时,儒生们说:"古代天子行封禅礼,乘车上山时都用蒲草缠裹轮子,以免伤及山上土石草木,到了山顶,扫地而祭,铺设菹秸之席。"此议与秦始皇想法相左,所以儒生们被全部禁足在山下,不得随行上山行礼。

秦始皇率群臣驱车由泰山南面登顶,施行"封"礼告天,刻石颂秦功德。从北面下山时,行至半途,忽遇暴雨,始皇避雨于大树之下,因受大树遮雨之德,故封大树以"五大夫"爵位。之后到梁父山行"禅"礼,又刻石颂功德曰:

"皇帝即位后,制定严明的法律,臣子们都谨慎遵守。皇帝登基后的二十六年,初步平定天下,四海之内全部宾服。皇帝亲自巡恤远方黎民,登此泰山,遍览东方疆土。随从大臣追溯国家兴盛成功的历史,论颂功德。道路都得到治理,物产各尽风土之宜,都有法式可以参照。大义昭明,垂于后世,千秋万代都恭恭敬敬继承,永远也不要更改。

"皇帝亲自勤劳,平定天下后,依然孜孜不倦地治理国家。夙兴夜寐,建设足以利益万代的典制,建立起作为贤明君王的道德模范。理政的英明方略闻名、贯彻于四方,远近谐和,都秉承着圣明天子的意志。贵贱的等级分明,男女之间的礼节纲常也很合理,臣子们

山东泰安天外村天地广场浮雕
山东泰安天外村天地广场浮雕"天圆地方",广场取"天人合一"之意,古帝王封禅大典即在泰山极顶设圆坛以告天,然后在山下设方坛以祭地,以示"天圆地方"。

都忠于职守。四海之内,万里澄清,都蒙受皇帝的恩惠,后代的继承者都会受到好处。皇帝的教化之功无穷无尽,要永远遵奉。"

秦始皇继续东行,穷极大陆,来到黄海之滨,登上之罘山(今芝罘岛,位于山东烟台市区北部海上,三面环海一径南通,为我国最大的陆连岛),刻石颂秦德后离开,而后南行,登上琅邪台(位于山东胶南琅邪镇东南5千米处,为一耸立的山丘,海拔183.4米。三面环海,西北为一小片平原)。秦始皇大为此间美景所悦,流连了3个月才刻石颂德后离开,并下令迁徙3万户百姓于琅邪台下。

前218年

得力士,为铁椎重百二十斤。秦皇帝东游,良与客狙击秦皇帝博浪沙中,误中副车。秦皇帝大怒,大索天下,求贼甚急,为张良故也。

——《史记·留侯世家》

巡行危厄

洞庭湖忽然兴起的风波,差点将始皇的船掀翻。为了报复,始皇命人砍光了山上的树木。虽然身边处处有严密的守卫,但始皇依然三次遇刺,最危险的一次,死神距离他只有一辆车的距离。

遇险地
洞庭湖上湘山前

处置手段
伐光湘山树木

刺客
张良、高渐离、盗

遇刺地
博浪沙、宫廷、兰池宫

教训
终生不近六国之人

秦始皇离开琅邪台,由齐境进入楚境,踏上归途。

秦始皇经彭城(今江苏徐州),向西南而行,渡过淮河,行经衡山、荆州,浮舟于长江之上。进入洞庭湖来到湘山祠时,忽然狂风大作,惊涛骇浪乍起,秦始皇之舟差点倾覆。危急之中,秦始皇将随身玉璧投入水中献祭神明,终于得以安全靠岸。上岸后,秦始皇问随行博士:"湘君是什么神?"博士禀道:"听说,是尧帝之女,舜帝之妻,葬于此成神。"于是秦始皇大怒,命3000刑徒将湘山(一名君山,又名洞庭山,遥望岳阳楼,在湖南岳阳西洞庭湖中)上的树木全部砍伐掉以泄愤。之后,秦始皇由武关回到关中。

秦始皇四年(前218年),秦始皇再次东巡,行至阳武县博浪沙(在今河南原阳县东南)时,遇上了一次精心策划的暗杀,暗杀行动的主谋叫张良。

张良(约前250—前186年),字子房,样貌白美,韩国人,其家累代为韩国相国。韩王安在位时,张良由于年少没有入仕,而后秦灭韩。当时,张良家有奴仆300人,为报国破家亡之仇,

秦·廿六年戈
戈内的两面均有刻铭,字体草率,纹道极浅,纤细如发。因发现有铭文的秦式兵器并不多,因此它成为秦式兵器中罕见的珍品。

即使弟弟去世，张良也不以礼安葬，变卖全部家财用来寻求刺客刺杀秦始皇。

后来，张良在淮阳（今河南淮阳）拜师学习过一段时间的礼仪，而后东行见沧海君，觅得一位力士。张良打造了一枚重达"百二十斤"（30.75千克）的铁椎，携力士回到中原，埋伏在秦始皇东游的必经之路博浪沙。秦始皇车驾行经时，力士抡起铁椎掷向秦始皇御驾，却误中副车，禁军反应过来后去追杀张良与力士，二人夺路而逃。秦始皇受惊不小，大为震怒，下令天下全面搜索10日，一无所得。而张良已变更姓名藏身于下邳（今江苏睢宁县古邳镇），静待下一次复仇良机。

在此前后，秦始皇还遇到过一次算不上刺杀的刺杀，行刺主角叫高渐离。

高渐离，燕国人，击筑之技妙绝天下，与荆轲为知己。荆轲在燕国时，

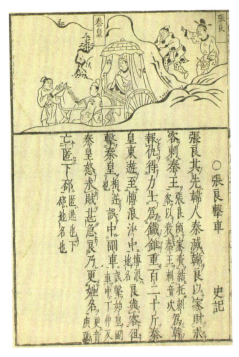

张良击车

出自《分类合璧图像句解君臣故事》，图表现的是张良与力士在博浪沙刺杀秦始皇的历史故事。

秦始皇与恺撒大帝

秦始皇	恺撒大帝
前259年—前210年，中国历史上第一位皇帝	前102年—前44年，罗马帝国的奠基人
13岁即位，22岁亲理朝政；性格坚毅、多疑	贵族出身，胆识和才学过人，机智圆滑
加强中央集权制	加强中央集权制
建立了中国历史上第一个大一统王朝，是封建帝制的主要设计者	破坏了旧的贵族共和体制，奠定了奴隶制罗马共和国向罗马帝国转变的基础
病死在巡游路上，被小儿子葬送了江山	被阴谋刺杀，其养子屋大维开启了罗马盛世
死后争议不断	死后被封神

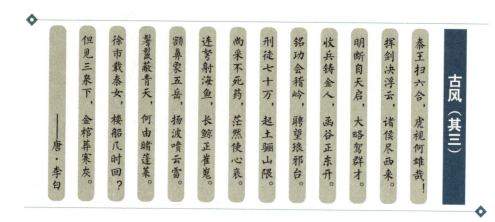

古风（其三）

秦王扫六合，虎视何雄哉！
挥剑决浮云，诸侯尽西来。
明断自天启，大略驾群才。
收兵铸金人，函谷正东开。
铭功会稽岭，骋望琅邪台。
刑徒七十万，起土骊山隈。
尚采不死药，茫然使心哀。
连弩射海鱼，长鲸正崔嵬。
额鼻象五岳，扬波喷云雷。
鬐鬣蔽青天，何由睹蓬莱。
徐市载秦女，楼船几时回？
但见三泉下，金棺葬寒灰。

——唐·李白

常与高渐离饮于市井之中，高渐离击筑，荆轲跟着节奏唱歌，两人仰而纵笑，俯而相泣，旁若无人，其情如此。燕太子丹与宾客于易水送荆轲刺秦王时，荆轲将登车，高渐离击筑，荆轲歌曰："风萧萧兮易水寒，壮士一去兮不复还！"荆轲死，燕国灭，秦始皇吞并天下，高渐离变更姓名做酒保，隐居在宋子城（今河北赵县东北18千米处）。过了很长时间，高渐离听说馆中堂上有人善击筑，于是去听，伫立良久，而后常常不经意对人说："彼有善有不善。（击筑那人有演奏得好的地方，有演奏得不好之处。）"馆主的随从听到后对馆主说："那个酒保竟然懂得音律，我听他私自说堂上击筑者善与不善之处。"馆主遂使高渐离上堂击筑，击罢，一座称善，馆主赐酒。高渐离退下后，自感做酒保甚卑苦，不知要隐埋自己到何年月，索性更换上自己的好衣服，取出匣中的筑，整理容貌，再次上堂击筑。众客皆惊，纷纷起身向其施礼，馆主尊高渐离为上客。于是，高渐离于馆中击筑，来客听之，莫不感动流泪。众客口口相传，宋子城有人善击筑之声便传至咸阳，更闻于秦始皇之耳。秦始皇召见高渐离，高渐离至，有人认出了他。秦始皇知道高渐离乃荆轲知己后，爱惜其击筑之技，遂赦免他，弄瞎其双眼，令其为自己击筑。高渐离击筑，每令始皇称赏不已，故得以稍稍靠近演奏。高渐离欲报荆轲之仇，既得近秦始皇之座，一日演奏中，忽然举筑扑击秦始皇，但是被秦始皇躲过。秦始皇大怒，杀高渐离，从此"终身不复近诸侯之人"。

始皇继续东游，再临齐土，登之罘山、琅邪台。同年归咸阳。秦始皇六年（前216年），秦始皇带四名武士微服出行，夜游兰池宫，与"盗"偶遇，武士击杀"盗"，秦始皇大怒，下令关中全面搜索盗贼20日。

秦·三角云纹壶
两壶形状相同，纹饰相近，侈口，细长颈，鼓腹，高圈足，两肩有铺首衔环耳，盖微隆起，上有云形立钮。颈饰三角纹带，肩腹饰三周三角云纹和弦纹。现藏于保利艺术博物馆。

> ▶ 前215年

乃使蒙恬将三十万众北逐戎狄，收河南。筑长城，因地形，用制险塞，起临洮，至辽东，延袤万余里。于是渡河，据阳山，逶蛇而北。

——《史记·蒙恬列传》

北击匈奴

术士称从海外带回来的图书中有"亡秦者胡也"的句子，始皇便怀疑匈奴会颠覆大秦，于是发兵30万人进攻匈奴，开拓了河套平原的疆土，为了一劳永逸，修筑起了万里长城。

时间
前215年

兵力
30万

统帅
蒙恬

战果
攻占河南之地（今内蒙古河套平原）

军事工程
万里长城、边城、障塞、直道

匈奴之地

秦始皇七年（前215年），燕人卢生（术士）妄称从海外带回图籍，上呈始皇，书中有文"亡秦者胡也"。始皇以为，"胡"当指北方匈奴，于是命将军蒙恬统兵30万北击匈奴。

据《史记·匈奴列传》《史记索隐》记载，匈奴的祖先叫淳维，一名獯粥。獯粥是夏朝末代暴君桀的儿子，汤王灭夏后，獯粥以其父众妾为妻，率族属迁居北方，成为游牧民族。而在舜帝之前，北方已有游牧部落，华夏称之为山戎、猃狁，也蔑称之为北蛮、北狄、戎狄、犬戎等。

自西周至战国，北方戎狄散居于从陕西、甘肃到山西、内蒙古、东北等广大地域，各有名号，不相统一。春秋战国时，关中地区及甘肃的少数民族部族被称为犬戎、西戎、义渠等，山西、内蒙古、

秦始皇像

东北一带的称为林胡、楼烦、北狄、山戎或东胡等。春秋之际，秦国和晋国在扩张的过程中，部分戎狄与华族杂居通婚，融入华族，而大部分戎狄则被驱逐至边地。进入战国，秦国、魏国、赵国、燕国各自向北方开拓疆土，进一步将戎狄向北方草原驱逐，关中地区部分戎族则向秦国的南方迁徙或向秦国西北方迁徙。为防止戎狄南下侵扰，秦国在陇西郡、北地郡、上郡一带修筑长城；赵国在代郡、阴山、高阙（阴山山脉在内蒙古巴彦淖尔市杭锦后旗西北有一缺口，状如门阙，故称高阙）一带修筑长城；燕国在造阳（今河北张家口）、襄平（今辽宁辽阳）一带修筑长城。当时，中国北方有三大部族，生活在蒙古草原上的是匈奴，生活在匈奴东部，今东北北部、西部地区的是东胡，生活在匈奴西部，今宁夏、甘肃及以西地区的是月氏，而月氏及东胡皆比匈奴强盛。

匈奴虽然与中原接壤，但并未受到中原文明的多少影响。匈奴人，没有姓氏，只有名字，人人以兽皮为衣，也没有文字，以语言为行事的约束。逐水草而居，以马、

战国·匈奴王金冠
出土于内蒙古鄂尔多斯杭锦旗的匈奴墓地。这件金冠制作精美，使用了铸造、锤打、压印、抽丝和镶嵌等金属制造工艺，工艺精湛，可称为匈奴金制品中的代表作。

内蒙古固阳县秦长城
始建于秦始皇八年（前214年），国家重点文物保护单位。多数地段城墙为石块错缝干砌。

秦·修筑长城图

秦始皇统一六国以后，北方的游牧部落经常骚扰边境，秦始皇为了防止北方匈奴的侵犯，就用了10年时间，修筑了西起甘肃临洮、东至辽东的长城。到了汉武帝时，又加固修复了秦时的旧长城，而且将它从西部的临洮向西北延伸到了玉门关。明朝初年，明太祖朱元璋又派大将军徐达监修扩建长城。明朝花了近200年的时间，修筑了全长1.27万里、驰名世界的万里长城。

牛、羊、驴、骡、橐驼等牲畜为主要财产及食物来源。匈奴人在儿童时，即骑羊张弓射鸟鼠，练习武艺射技。成为少年后，射取狐狸、兔子等小动物为食，步入壮年则能射猛兽，为征战之士，全民皆兵。其主要兵器是弓箭、刀和短矛。打仗时，兵利则乘势而进，兵不利则驱骑而遁，不以败走为羞耻。族人自首领以下，皆以肉为食，健壮者食肥美之肉，老者食次等之肉。其俗，重视健壮之人，轻贱老弱之辈；父死，子娶后母，兄弟死，娶其兄弟之妻。

修筑长城

始皇时期，匈奴首领叫作头曼，头曼刚刚将各个部落初步统一，组成部落联盟式的国家。蒙恬率军出塞进攻匈奴，大军装备有克制骑兵劲弩，将士皆百战余生之辈，雄健勇武，匈奴接战，很快溃散，秦军占领河南之地（今内蒙古河套地区）。然匈奴军队聚如暴雨倾泻，散如云流天际，难以一战而灭之。所以始皇命蒙恬在帝国北塞修筑万里长城，以为屏障。

蒙恬以上郡为治所，统领军民修筑长城要塞。其修长城是在连接秦、赵、燕三国长城基础上修筑起来的，西起今甘肃临洮县城东23千米处的尧甸长城坡，东抵辽东（指辽河以东地区，今辽宁的东部和南部及吉林的东南部地区）以东，绵延万里。自西而东，循洮河北至甘肃临洮县，经甘肃定西县向东北至宁夏固原县、甘肃环县、陕西靖边、横山、榆林、神木，然后向北折至内蒙古托克托南，抵黄河南岸，再沿阴山西段的狼山，向东至大青山北麓，再向东经内蒙古集宁、兴和至河北尚义，再向东北经河北张北、围场，再向东经抚顺、本溪后向东南，终于朝鲜清川江入海处。

蒙恬还在长城内外沿线修建利于军队侦察、布防的边城和障塞。

边城位于长城内侧，属于屯戍性质，将士可以边守卫关塞，边垦种农田，自给自足。所以边城只是比内地县城规模略小，但城区设施与内地县城基本相同，城内有管理诉讼、民事的官署，以及民居、街道，城外有墓地。有的边城还有附属的城郭和烽燧。边城城郭一般用夯土筑造，城门绝大部分设在南城垣正中。

障塞主要修建在长城内线和外线险要之处。障塞略相当于后世的军事哨所，当时是边城派出的部尉所在。障塞平面基本呈方形，四周建有围墙，围墙有石砌，有土筑，每边围墙长数十米或一二百米。部门一般设在南垣，作瓮城形。障塞的附属设施是烽火台，烽火台设在视野开阔的山巅或草原上，沿线罗列，间距500~1000米，与长城距离不等。有的就设在长城上，有的则设在长城附近。设在山巅上的烽火台，一般由石块垒成，作圆柱形或圆锥形；设在草原上的烽火台，大都以黄土夯筑而成，作圆锥体或方锥体，大小高低不一，一般基宽七八米，高三四米。

为了便于军队迅速调动，蒙恬还在九原（今内蒙古包头）至云阳（今陕西淳化县）之间修建一条直道。终始皇之世，匈奴不敢南下。

秦长城遗址

战国时期，为了防止北方匈奴族的南下，北方的赵国、燕国、秦国都修筑了长城。秦西起甘肃临洮、东至辽东筑长城万余里，秦长城虽然被历史的风雨剥蚀成了断垣残基，但仍以苍莽的气势、威武雄浑的壮阔，浓缩成了一种厚实的文化积淀，以永恒的苍凉和悲壮，永远留在华夏文明的史册里。

前214年

三十三年，发诸尝逋亡人、赘婿、贾人略取陆梁地，为桂林、象郡、南海，以适遣戍。

——《史记·秦始皇本纪》

南平百越

广袤的岭南和江浙地区都生活着越人，他们建立过称霸一时的国家，却最终退出了争霸的舞台。他们各自拥有自己的部落，生活自给自足，随着秦国一支拼凑起来的军队闯入，他们从此真正成为华夏子民。

时间
前214年

兵力构成
逃犯、赘婿、商贩

开拓疆土
岭南地区

设置郡
桂林郡、象郡、南海郡

意义
正式将岭南少数民族地区纳入中央王朝统治之下

北击匈奴的次年，秦始皇八年（前214年），始皇"发诸尝逋亡人、赘婿、贾人略取陆梁地"，即以各种逃亡的罪犯、穷苦卖身入赘的奴隶、商贩组成军队，攻取今广东、广西、云南、越南北部等地区，设置桂林郡、象郡、南海郡。

当时，广东、广西、云南、福建乃至部分江浙地区生活的人，被中原华族称为"越人""百越"，《吕氏春秋·恃君览》说"扬汉之南，百越之际"，《汉书·地理志》注引臣瓒曰："自交趾至会稽七八千里，百越杂处，各有种姓。"（自越南北部到绍兴一带，七八千里中，散布着数百支越人部落，他们都有各自的姓氏。）因为大禹治水划分九州时，将这一片区域划为扬州，所以也称为"扬越"。百越之中，包含万千大小部落，皆各有其酋长，比较大的部落有东越（闽越、东瓯）、南越、西瓯、雒越等。

2000多年前，百越之地水网纵横，丛林茂密，越人皆断发文身，以

秦·箭簇

82

种植水稻和渔猎为生。而且，其人皆习水性，善于驶船，《越绝书》说越人"水行而山处，以船为车，以楫为马，往若飘风，去则难从"。其居室为楼，即在下面搭建柱子做支撑，然后在上建屋，人居其上，家畜禽类等居于其下。另外，越人还拥有先进的纺织技术以及青铜锻造技术。

春秋之际，百越中最先进的部族与吴国为邻，建立越国，到越王勾践时曾称霸一时。当时，越国建立城邑的地方，说华语，与华族杂居，礼仪服饰学习华族，而那些仍居住在山林中的越人则仍保留自己的习俗及语言。楚国灭亡越国后，越国人散去，有的甚至逃到海岛上，楚国向南扩张，将广东地区纳入疆土。最终，秦帝国将百越之地全部纳入疆土，越人正式成为中国多民族国家中的一员。

秦军平定百越后，派兵戍守，迁徙华族到越地，开垦土地，建立城郭，推行中原文化，而部分越人则被迁徙到内地。个别地区的少部分越人不服秦兵以武力逼迫臣服，聚于山林之中，反抗秦军，并击败过前往追剿的秦军。这些顽抗秦军的越人一直坚持抗争到秦帝国走向灭亡，最后归服于大汉王朝。

赵佗像

赵佗（前240年—前137年），恒山郡真定县（今中国河北正定）人，秦朝南海龙川令，南越国创建者。秦始皇统一六国之后，开始着手前进岭南百越之地。秦始皇三年（前219年），秦始皇派屠睢为主将、赵佗为副将，率领50万军力攻取岭南。屠睢因为其间滥杀无辜，引起当地人的顽强反抗，被越人杀死。秦始皇于是重新任命任嚣为主将，并和赵佗一起率领大军，四年后攻占岭南。

前213年

丞相李斯曰："……天下敢有藏《诗》、《书》、百家语者，悉诣守、尉杂烧之。有敢偶语《诗》《书》者弃市。以古非今者族。吏见知不举者与同罪……"

——《史记·秦始皇本纪》

焚书之议

皇宫的酒宴之上，一位博士的歌功颂德之词，被一位臣子大加斥责并主张只有分封藩王才能稳固大秦江山，丞相却借机建议始皇下令将天下大部分典籍全部烧掉，中国历史上第一次文化大浩劫就此开启。

时间
前213年

起因
淳于越建议行分封制

焚书首倡者
李斯

焚书种类
除秦史以外的史学，诸子百家著作

保留书种
占卜、医药、种植之类

后果
先秦典籍绝大部分被焚毁

北却匈奴，南平百越，秦始皇威加四海，大秦帝国迎来了最鼎盛的时刻。

秦始皇九年（前213年），秦始皇于咸阳皇宫设宴，与众臣欢会。宴会上，70位博士上前向始皇祝酒。仆射周青臣进颂言道："当年秦地不过方圆千里，赖陛下神灵圣明，平定天下，驱逐蛮夷，日月所照，莫不宾服。废诸侯之国，立郡县之制，人人自安乐，无战争之患，功业传之万世，自上古以来君王，没有比陛下更贤圣的。"秦始皇大悦。

齐人淳于越进言道："臣闻，商、周各立国千年，封子弟功臣为诸侯拱卫国家。今陛下富有天下，而子弟皆为匹夫，恐怕将来社稷会像齐国和晋国那样被势力强大的臣子所取代，若无藩国辅弼，何以相救？拒绝以古为师而能长久的，前所未有。今青臣等人当面阿谀陛下，是重陛下之过，非忠臣也。"秦始皇命群臣商议。

秦·青铜茧式壶

丞相李斯道："五帝、三王之政相异，各以其便宜为治，非刻意与前代相背，乃根据时世变化而治国。今陛下创大业，建万世功，治国方略，固非腐儒所知。况淳于越所言，乃三代（夏商周）之事，何足为师法？当年诸侯相争，才各自重金招游学之士以图强。今天下已定，法令统一，百姓皆应勤劳务农，士人皆应学习法令，以知禁忌。今儒生及游学之士皆不师今而学古，用以非议当世朝政，惑乱百姓。

"臣冒死言，古时天下散乱，不相统一，是以诸侯争相用强为乱，所言皆誉古而谤今，饰虚言以乱实。人人皆信奉其私学，而肆意诋毁君上所制定的典章制度。今陛下一统天下，明辨黑白而定一尊，但是那些私学之人仍任意诽谤法制。每闻政令颁布，这些人就相互以其私学议论纷纷，居家就在心里非议，出门就在巷子里非议。用非议主上来讨取美名，以另类的志趣来标榜清高，各率其门徒造谣诽谤。如果不加禁制，则陛下之威降于上，朋党之势成于下。

"臣请下令，凡前代史书，除秦史外皆烧之。除博士因职责需要外，天下人家凡藏有诗书及诸子百家之书者，皆交送所在郡县烧之。有敢私语诗书之类学说的，皆处斩；有敢称颂古代，讥讽今代者，皆处以灭族。官吏知道有人犯这些罪过而不举报纠治者，与犯者同罪。如果令满30日仍未将书销毁者，就将其黥面罚做城旦（白日防敌寇，夜里筑长城）。诸如医药占卜种树之书，可以留下。若有想学习法令的，可以跟随官吏学习。"

秦始皇认为有道理。于是，先秦典籍大半皆遭焚毁。

修筑秦始皇陵的壁画
左图为挑土堆陵的民夫，右图为修筑劳作时的场景。据史料载，秦始皇用了大约38年的时间、约72万人为他自己修筑陵寝。陵园工程由丞相李斯主持规划设计，大将章邯监工，修造一直至秦始皇临死之际也尚未竣工，秦二世皇帝继位后又接着修建了一年多才基本完工。工程之浩大、气魄之宏伟，创历代封建统治者奢侈厚葬之先例。

前219年—前211年

始皇闻亡，乃大怒曰："……徐市等费以巨万计，终不得药，徒奸利相告日闻……"于是使御史悉案问诸生，诸生传相告引，乃自除。犯禁者四百六十余人，皆坑之咸阳。

——《史记·秦始皇本纪》

寻仙坑士

秦始皇已经得到了人间所能拥有的一切，为了永远拥有全部，派出众多术士去寻找长生不老的神药，浪费了无数钱财后，却一无所得。谎言不能继续维持下去的术士只得逃亡，秦始皇大怒之下，460余人被活埋。

寻仙目的
求长生不老药

主要寻仙者
徐市、卢生

坑士起因
卢生等人逃跑

坑杀者
儒生、术士

死亡人数
460余人

迷信术士

秦始皇三年（前219年），秦始皇第一次巡行至齐土时，齐人徐市（又名徐福）上书说，远方大海中有三座分别叫蓬莱、方丈、瀛洲的神山，山上住着神仙。因此，秦始皇征发数千童男童女，命徐市带领出海去迎请仙人，寻求长生之药。徐市出海后，音信全无。

到了秦始皇七年（前215年），秦始皇又命燕人卢生去寻找传说中的神仙羡门和高誓。又命术士韩终、侯公、石生等人也去追访仙人踪迹，寻求长生不死之药。数月后，谁也没有找到神仙，只有卢生带回一些图籍，自称从海外得来。

徐市像
徐市，嬴姓徐氏。字君房，齐地琅邪郡人。他博学多才，通晓医学、天文、航海等知识，且同情百姓，乐于助人，故在沿海一带民众中名望颇高。徐市是鬼谷子的关门弟子，曾经在吕不韦门下收有一徒，名为甘罗。日本和歌山县新宫市有许多祭祀徐市的神社、庙宇和陵墓，在韩国济州岛正房瀑布陡峭的崖壁上，刻有齐国刀文"齐臣徐市迁王过之"。

秦始皇十年（前212年），卢生诓骗始皇说："臣等之所以寻求长生之药一直没有收获，是因为有东西妨害着。臣以为陛下应当隐秘行踪来避开恶鬼，避开了恶鬼，真人就降临了。陛下的居住之地如果被臣子知道了，就会妨害真人来到。神仙真人，不怕水火，可以腾云驾雾，与天地同寿。现在陛下治理天下，还不够恬淡。希望陛下不要让人知道自己每天住在哪座宫殿，长生不老之药就容易得到了。"始皇听了这些邪说，竟然相信，说："我仰慕神仙真人，从今我自称'真人'，不称'朕'了。"

秦始皇遣使求仙图
出自16世纪《帝鉴图说》。描绘秦始皇派遣徐市入海求蓬莱、方丈、瀛洲三神山及不老之药的景象。

卢生逃亡

为了让臣子无法知道自己每日在哪座宫里宿寝，秦始皇下令将咸阳城附近100千米以内的宫殿——共270座，全部用复道和甬道联通起来，为每座宫殿都分配好美人、鼓乐、宫人等，全部登记在册，不许任何人再迁移。这样，秦始皇车驾去往哪座宫殿，外人就无从知晓了，如果宫内随侍之人敢泄露皇帝行踪，则杀无赦。

有一次，秦始皇车驾去往梁山宫时，从山上看到丞相车马仪仗非常壮观，不太高兴。之后，有人就将此事告诉了丞相，丞相赶紧削减自己仪仗队伍的规模。过了段时间，秦始皇看到丞相的仪仗队伍规模缩小了，猜到是有宫里的人泄露了自己所说的话，盛怒之下派人审问宫人，宫人都说没有给丞相通风报信。秦始皇一怒之下，便将当日侍奉在身边的宫人全部诛杀。从此，再也没人敢泄露始皇的行踪。群臣与皇帝有事情商议的话，只在咸阳宫中。

世上本来没有神仙，也没有长生

少年中国史

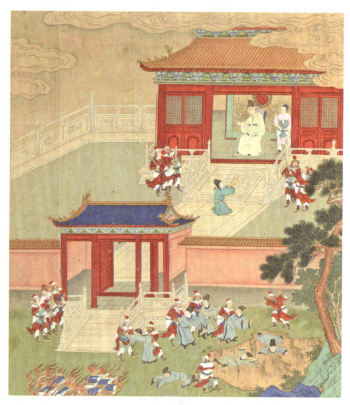

秦始皇焚书坑儒
出自16世纪《帝鉴图说》。秦始皇接受丞相李斯的建议,为禁绝一切异端思想,下令焚毁除法家以外的所有诸子百家的著作,史称"焚书"。随后,秦始皇为进一步排除不同政治思想和见解,在当时秦首都咸阳将460余名儒士和方士活埋,史称"坑儒"。

和杀戮来立威,天下臣民都畏惧因言获罪,只好苟且地领受俸禄,无人肯为国家尽忠。皇上听不到有人进谏陈说其错误,因而日益骄傲,臣下只会在淫威之下欺瞒哄骗,阿谀奉承,以求恩宠。秦律规定,一个人不能同时会两种方术,如果其方术不灵验,就要被处死。现在懂得观看天象的人已经有300多位了,这些人都是人才,但都害怕说真话会触犯禁忌,所以只好以虚假阿谀之言搪塞皇上,不敢直言所观察到的天象到底预示的是什么意思。天下之事,无论大小,全部要交由皇上决断,甚至每天阅读的文书要用秤称出够120斤(今30.75千克)才可以,批阅文书不达限额绝不休息,其贪恋权势已经到达这种可怕的地步了,我们决不可再为他寻求仙药了。"卢生等人因而各自逃去。

不老之药,卢生、侯生等人都害怕长久找不到神仙和不老神药会被始皇问罪,一日,几人商议道:"始皇为人刻薄无恩,刚愎自用,本是诸侯出身,却吞并整个天下,他想得到占有的,没有能违背其欲求的,自以为古今无人可及。专门宠信那些狱吏,虽然设立了70名博士,不过就是充数而已,得不到他的任用。丞相和文武大臣们也都是恭恭敬敬领受他的旨意而已。且皇上喜欢以刑罚

怒而坑士

秦始皇听说卢生等人都逃走了,大怒道:"此前我将天下不中用的书籍收缴起来烧掉,选用了很多文学方术之

士，以为可以跟他们一起开创太平盛世，方士为此去寻找仙药。听说韩众一去不返，徐市等人花费掉巨额钱财，也没有求到神药，只听到他们整天互相告发营求奸利之事。卢生等人，我对他们赏赐很多，现在却反过来诽谤我。还在咸阳的方士儒生都赶快派人审问，严查当中妖言惑众之人。"

御史接到诏命，将咸阳的方士儒生全部抓来审讯，这些文弱之人在恐惧之下，互相诬告揭发，最后审理出的触犯禁忌者达到460余人。秦始皇下令，将这些人全部活埋，并昭告天下。

秦始皇长子扶苏向始皇进谏说："天下刚刚统一，边远的百姓还没有归心，士人们都称颂学习孔子，现在皇上把儒生们都治以重罪，臣怕天下会因而不能安定。肯请皇上明察。"秦始皇闻言大怒，命扶苏离开咸阳，到上郡去做蒙恬的监军，扶苏失望离开。

经过这件事后，始皇仍未醒悟，仍继续以重金支持徐市寻求神药。

秦始皇十一年（前211年），天上有陨石降落到东郡，有人打算借迷信来反秦，就在陨石上刻"始皇帝死而地分"几个字。秦始皇听说陨石上有这些字后，派御史去东郡审问百姓是谁刻的字，因为没人承认，秦始皇便下令将陨石附近的百姓全部屠杀。

绥德扶苏墓
公子扶苏自杀死后葬于今陕西绥德县老城区疏属山顶，墓冢很大，形成小山丘，人们后来又在墓顶建一木质小楼，人称八角楼，民间又称"太子冢"。

前210年

至平原津而病。始皇恶言死，群臣莫敢言死事。上病益甚，乃为玺书赐公子扶苏曰："与丧会咸阳而葬。"

——《史记·秦始皇本纪》

沙丘帝崩

一生中最后一次巡游，始皇仍沉浸在术士的谎言中，以为亲自射杀大鲛鱼就能得到神药，死亡却已经向他招手，沙丘宫中，千古一帝已然回天乏术，临终前他终于想到了自己的长子……

时间
前210年

驾崩地点
沙丘平台（今河北邢台广宗县大平台村南）

后事安排
赐遗诏给长子扶苏

侍驾宠臣
公子胡亥、李斯、赵高

遗诏命运
被赵高截留

秦始皇十一年（前211年）十月，秦始皇开始人生最后一次巡游，左丞相李斯、中车府令赵高等大臣及始皇最小的儿子胡亥随行伴驾。

十一月，秦始皇车驾巡游到会稽（今浙江绍兴），当地百姓都前往观看皇帝的威仪。这其中就有原楚国大将军项燕的儿子项梁及孙子项羽（名籍，字羽），项梁和项羽是叔侄关系。项羽看到秦

始皇崩沙丘
出自元刻本《秦并六国平话》。描绘当秦始皇病死在沙丘时，赵高勾结始皇少子胡亥和李斯，伪造遗诏立胡亥为太子，杀太子扶苏篡位的故事。

始皇车驾后,不屑道:"那人可取而代之!"吓得项梁赶紧捂住项羽的嘴,斥责道:"不要胡说,小心招来灭族之祸!"

离开江南,秦始皇北上来到琅邪,召见了徐巿等术士。徐巿等人多年来为秦始皇入海寻求长生不老之药一无所获,耗费大量钱财,怕被问罪,就骗秦始皇说:"蓬莱仙山的神药本来是可以得到的,可是每次都被大鱼、蛟龙所阻挠。请皇上赐给我们可以射杀大鱼、蛟龙的强劲弓弩,只要射杀了它们,就能得到神药了。"秦始皇听了徐巿的谎言,心有所感,当晚就梦见自己与人形的海神搏斗。次日,秦始皇命博士占卜自己所做之梦,博士占卜说:"水神本来是不可见到的,只是会用大鱼、蛟龙做替身现形。如今皇上侍奉神灵那么虔诚谨慎,竟然还会有这种恶神出现,一定要除掉它才行,善神才会降临。"始皇信以为真,命人带着巨大的捕鱼工具入海搜捕大鱼、蛟龙,自己则在岸边举着强劲连弩等候,一旦大鱼、蛟龙被捕获拖到近岸,就亲自射杀。秦始皇在岸上跟随着入海搜捕大鱼、蛟龙的船队从琅邪一直行到荣成山(今成山头,位于山东荣成威海成山山脉的最东端),也没有任何发现。直到行至之罘山附近时,才发现一条巨鱼,成功射杀。此后,徐巿便人间蒸发了,后世称其到了现在的日本定居。

秦始皇继续巡游。车驾来到平原

李斯诈诏杀扶苏、蒙恬
出自元刻本《秦并六国平话》。当秦始皇出巡沙丘病死后,赵高和李斯伪造遗诏,命太子扶苏和大将蒙恬自尽,扶苏不辨真假,自杀身亡。蒙恬后来亦被逼服毒自杀。

津(位于今山东平原西南)时,秦始皇患上重病,李斯等大臣全都心里知道他已经走到人生的尽头,但没人敢请他尽快下诏确立太子。

车驾依然前行着,秦始皇的病却一天比一天严重。行到沙丘宫(今河北邢台广宗县大平台村南)时,始皇终于接受现实,给远在上郡的长子扶苏下旨:"将兵权交给蒙恬,回咸阳参加葬礼。"按照文书签发程序,这道圣旨需要由掌管玉玺的赵高帮秦始皇盖上玺印,然后封好再交给使者送去目的地。但是赵高并没有在圣旨上盖玺印,也没有将旨意交给使者,更没有将此事告诉任何人,他在等待始皇驾崩。不多时,秦始皇离开人世。

前210年

（赵）高乃与公子胡亥、丞相斯阴谋破去始皇所封书赐公子扶苏者，而更诈为丞相斯受始皇遗诏沙丘，立子胡亥为太子。

——《史记·秦始皇本纪》

胡亥窃位

赵高为了个人的卑鄙野心，串通自己的学生背叛始皇，一起图谋窃取帝国的皇位。道貌岸然的丞相，在小人的威逼利诱下，成为一枚被人摆布的棋子，参与到谋逆罪行中，从此走上了一条不归路。

时间
前210年

地点
沙丘平台（今河北邢台广宗县大平台村南）

主谋
赵高、公子胡亥

协谋
李斯

窃位手段
假传遗诏

酝酿奸计

秦始皇驾崩前命扶苏回咸阳参加葬礼，明显是想让扶苏即皇帝位，虽然没有明言，但以扶苏嫡长子的身份而言，即使没有明诏，按照礼法也是他最有资格继承皇位。而这是赵高所不能接受的。

赵高（？—前207年），祖上出身于秦国宗室，因为祖上犯法受到刑罚，从此子孙世世卑贱。赵高聪敏有才，善于察言观色，秦始皇发现他在律法方面有才，就将他提拔起来做宫中的中车府令，成为自己的近臣。赵高也同时成为公子胡亥的篆书和律

秦二世胡亥墓
胡亥即秦二世，被权臣赵高胁迫自杀后，以庶人仪葬于周杜国属地，即秦时的洲地，在今陕西西安市雁塔区曲江乡曲江池村南缘台地上，俗称"胡亥墓"。墓为土筑圆形，碑面阴刻的"秦二世皇帝陵"六个隶书大字，为清乾隆四十一年（1776年）陕西巡抚毕沅所立。

秦·李斯碑（局部）
现藏于河南安阳中国文字博物馆。

法老师。后来，赵高犯下大罪，秦始皇命蒙毅依法治他的罪。蒙毅依法审理后，判处赵高死罪。可是，秦始皇怒气已经消去，认为赵高做事可靠，下旨赦免赵高，并官复原职。赵高从此记恨上蒙毅。

赵高与扶苏没有任何交情，扶苏与蒙毅、蒙恬兄弟亲近，赵高害怕一旦扶苏即位为皇帝，蒙恬、蒙毅受到重用，就会依法审治他所犯的罪过。况且，赵高本身对权位也有极大的野心。

因此秦始皇刚刚驾崩，赵高就对胡亥说："皇上驾崩，没有留下封赏皇子们的诏书，只给长子扶苏留下遗诏。扶苏来到后，就会即皇帝位，到时公子就没有立足之地了，怎么办呢？"

胡亥犯愁道："这些我都知道。我听说，贤明的君王了解臣子，贤明的父亲也最了解儿子。父亲去世了，却不分封他的儿子们，这还有什么好说的呢！"

赵高说："不对。如今主宰天下的权力，正掌控在公子以及我与丞相身上，希望公子慎重想想这件事。再说，做臣子和做君王，主宰别人和被别人主宰，岂可同日而语！"

胡亥道："废黜长兄，立弟弟为王，这是不义；不尊奉父王的遗诏，害怕将来被杀，这是不孝；自己才能拙劣，却勉强占有别人的功勋，这是无能。犯下这三样违背道德的事情，是不会得到天下人服从的，最后不仅自己遭受败亡，连国家也会被葬送掉。"

赵高极力说服道："臣听说，商汤王和周武王杀了各自的君王，天下人就称颂他们仁义，没人说他们不忠。卫

赵高浮雕像
位于河南安阳中国文字博物馆内。赵高是中国历史上十二奸臣之一。秦始皇死后与李斯合谋篡改诏书,立始皇幼子胡亥为帝,并逼死始皇长子扶苏。秦二世即位后赵高设计陷害李斯,并成为丞相。后派人杀死秦二世,不久后被秦王子婴所杀。

国国君杀了他的父亲,卫国人都称赞他的功德,连孔子也记载下他,不认为他不孝。成就大事的人不能拘泥小节,有盛大的功德不能一味谦让,因小失大,必然会有后祸。像狐狸一样过度犹豫,过后一定会后悔。果断行事,就是神鬼都会避开,然后才能成功。希望公子能成就大业。"

胡亥喟然叹道:"现在父皇的遗体还没运回咸阳,丧礼还没结束,怎么可能在这个时候跟丞相商议这件事!"

赵高道:"这是个千载难逢的良机,谋大事绝对要抓紧时间。"

说服李斯

胡亥点头同意,赵高急忙去见丞相李斯。

赵高问李斯:"如今皇上驾崩,皇上给扶苏的诏书和皇帝玉玺都掌握在胡亥手里,立谁当太子,只在我与君侯之口,君侯认为我们应该怎么办?"

李斯说:"怎么说这种亡国之话!这可不是我们作为臣子该议论的!"

赵高连声问道:"君侯自以为和蒙恬相比谁更贤能,谁更功高,谁更善谋,谁更不被天下人怨恨,谁更与扶苏的交情深厚?"

李斯道:"这五样我都比不上蒙恬。你问这些做什么?"

赵高道:"我赵高不过是内宫里的一个小厮,以会写几个字而被召入宫廷,侍奉在皇帝身边,20多年来,还从没见过哪位被罢免的将相的富贵荣华能绵延到两代的,无一例外都是被抄家灭族。如今皇上的20多个儿子当中,长子扶苏刚毅勇武,有信义能得军心,假使他继承帝位,必然任用蒙恬为丞相,君侯的爵位一定难以保住。我自从受命教育胡亥,这些年来,胡亥用心学业,未尝有一过,其为人慈善仁厚,轻财重士,心明而口拙,礼贤下士,皇帝的其他儿子没有一个能比得上他的,足以继承帝位。该怎么办,就请君侯来决定吧。"

李斯固执地说:"你还是安分点吧!我该做的不过是尊奉皇上的遗诏,听从天意的安排,还用得着再决定什么吗?我受皇上隆遇,位极人臣,子孙皆做大官,俸禄优厚,我岂能背叛皇上?你不要再说了,我不想因你无端获罪!"

赵高继续说:"我听说圣贤行事,不拘于常理,审时度势而为,见微知著。如今天下权柄已经掌握在胡亥手里,我能得势!一切将成定局,君侯怎么就不明白呢?"

李斯道:"当年晋献公废长立幼,结果导致晋国连续动乱了三世;公子纠与兄弟齐桓公争位,结果被杀;商纣不听忠谏,屠戮亲戚贤臣,结果国破身死。这三人都是逆天而为,结果才那么悲惨。我只不过是个凡人,不知道天命,不值得你找我谋划。"

赵高道:"上下同心,才能长久。君侯若听从我的计谋,便能长保爵位,世世代代延传子孙;若拒不相从,则祸及子孙,那样的话,就太为君侯感到寒心了。聪明人都知道转祸为福的道理,君侯难道不知道吗?"

说到这,李斯垂泪叹道:"遇到乱世,又不能死,如何保全性命呢!"最终听从了赵高的奸计。

于是,胡亥、赵高、李斯欺诈天下,宣称始皇下诏给丞相立胡亥为太子。

放马滩木板地图

1986年甘肃天水1号秦墓出土,现藏于甘肃文物考古所。地图用墨线绘制在松木板上,山川、河流线条字迹清晰,脉络清楚。是目前所知世界上最早的木板地图,为秦王政八年(前239年)物品。

前210年

行从直道至咸阳,发丧。太子胡亥袭位,为二世皇帝。九月,葬始皇郦山。

——《史记·秦始皇本纪》

发丧弑兄

为了使奸谋得逞,他们在盛夏之时跋涉千里将始皇的遗体运回都城咸阳,同时派出使者赐给公子扶苏一份假诏书,迫使扶苏自杀。21岁的胡亥登基成为帝国的新主人。

时间
前210年
被杀者
扶苏
即位者
胡亥
掌权者
赵高
始皇葬地
骊山

胡亥、赵高、李斯三人定下篡位的奸谋后,始皇驾崩的消息只有他们三人和五六个内宫侍臣知晓。赵高等人下令不许一人将始皇驾崩的消息透露出去,赵高、李斯等宠臣还是照常有事就假装向始皇请示。由于正在炎夏之时,始皇遗体很快就腐烂了,散发出臭气,赵高等人就往车上装了很多鲍鱼,来遮掩尸体的腐臭。

车驾继续按照始皇的原定目标向九原(今内蒙古包头)行驶,同时,赵高、李斯和胡亥毁灭始皇写给扶苏的诏书,伪造了一封圣旨给镇守上郡的扶苏和蒙恬。这份假圣旨上写道:朕巡行天下,向诸多名山上的神灵祈祷,以延长寿命。如今扶苏和将军蒙恬率军数十万屯驻在边疆,已经十几年了,不能开拓疆土,白白耗费了国家钱粮,一寸功劳也没能建立,反而经常上书直言诽谤我的施政方针。扶苏更是因为不能够从边疆军营调回来立为太子,而日夜对我心存怨恨。扶苏

扶苏雕像
扶苏(?—前210年),秦始皇长子,刚毅勇武,为人仁义,因反对秦始皇实行焚书坑儒等严峻政策而被远派上郡监督军队,协助大将蒙恬修筑长城、抵御匈奴。

作为儿子实在不孝,今赐剑令你自杀!将军蒙恬与扶苏驻军在外,不能改正扶苏的错误,应该知道扶苏的不良之心,作为臣子不忠,今赐你死罪,把兵权交给副将王离。

扶苏接到这份伪造的圣旨,伤心地哭起来,走回里屋准备自杀。蒙恬谏阻道:"皇上在外巡行,没有立太子,命臣率30万大军镇守边疆,令公子为监军,这是天下的重任。如今只不过来了一个送信的使者,公子就要自杀,怎么能肯定这其中没有诡诈呢?请公子派使者去皇上那里问清楚事情,如果皇上真的赐以死罪,到时再死也不晚。"

扶苏本来想听从蒙恬的建议,但是胡亥派来的使者不断催促扶苏赶快服从自杀的命令,扶苏本是孝子,因而悲哀道:"父亲赐儿子死罪,还用再去问父亲吗?"说完便自杀。

一个多月后,始皇的遗体被运回咸阳,始皇驾崩的消息才被宣布,同时,赵高、李斯宣布假遗诏,拥立胡亥即位,称二世皇帝,时年21岁。秦始皇十二年(前210年)农历九月,始皇被安葬在骊山陵墓。

胡亥任命赵高为郎中令,赵高开始掌握大权。

秦始皇陵
位于陕西西安临潼区城东5千米处的骊山北麓,陵冢位于内城南部,呈覆斗形,是中国历史上第一座规模庞大、设计完善的帝王陵寝。秦陵四周分布着大量形制不同、内涵各异的陪葬坑和墓葬,现已探明的有400多个,其中包括举世闻名的"世界第八大奇迹"兵马俑坑。

前210年

良久，（蒙恬）徐曰："恬罪固当死矣。起临洮属之辽东，城堑万余里，此其中不能无绝地脉哉？此乃恬之罪也。"乃吞药自杀。

——《史记·蒙恬列传》

屈杀蒙氏

蒙氏一族，自蒙骜到蒙恬为大秦立下赫赫战功，却因赵高谗言、权力争斗惨遭屈杀。胡亥闭目塞听，对小人听之任之，伴随着皇位的更迭，秦二世开始向蒙氏一族举起杀戮的屠刀。

时间
前210年

主谋
赵高、胡亥

被杀者
蒙恬、蒙毅

谋害地点
蒙恬死于阳周（今陕西子长县），蒙毅死于代郡（今河北蔚县一带）。谋杀借口：阻拦先王立太子，罪行太多，连坐之罪

秦·夔纹瓦当
秦始皇陵园区出土。

位极人臣

蒙恬兄弟是将门之后，其祖父蒙骜归顺秦昭王，伐韩攻赵击魏，所向披靡；父亲蒙武与王翦攻楚，大获全胜，杀死楚国大将项燕，俘虏楚王负刍。蒙氏为大秦立下汗马功劳，也正因为此，秦始皇对蒙氏家族非常信任器重。

蒙恬年轻时便精通兵法和狱典，文武双全。秦始皇二十六年（前220年），蒙恬和王贲率军攻打齐国，俘虏齐王建，灭掉了齐国，为秦王嬴政统一全国扫清了最后的障碍。

秦始皇七年（前215年），蒙恬率30万大军，攻打匈奴，收复了河套以南大片土地，并设置郡县。后来蒙恬又从内地发派3万多名罪犯到榆中（今内蒙古河套地区北部）一带垦殖，发展经济，加强军事力量，进一步巩固了边防。前213年，他以"用险制塞"为原则，把秦、赵、燕原有的长城联结起来，使之成为一体，以此阻挡匈奴南下的铁骑。

对于战功赫赫、威震匈奴的蒙恬，

秦始皇给予充分的肯定和重用。秦始皇独宠蒙氏，对其极尽信任，并且亲近蒙恬之弟蒙毅。蒙毅位至上卿，外出则与秦始皇一起乘车，居内则在皇帝身边侍奉。蒙恬在外担任军事要位，蒙毅在内常常出谋划策。蒙恬、蒙毅兄弟俩，堪称秦始皇的左膀右臂，权力达到巅峰，朝廷内外诸将相，谁也不敢与蒙氏争宠。

有一次，赵高犯了大罪，蒙毅受秦始皇命依法惩治他。蒙毅不敢违背法律，剥夺了赵高的官职，并判处他死罪。始皇帝却又觉得赵高平时勤勤恳恳，兢兢业业，于是又赦免了赵高，还让他官复原职。从此，赵高对蒙氏兄弟怀恨在心，一直想着残害蒙氏。

惨遭冤杀

扶苏自杀以后，使者把蒙恬交给官吏，胡亥另外派遣李斯的舍人担任护军，接替蒙恬的职位，代其掌兵。蒙恬内心疑虑，他要求进京向始皇帝申诉，使者遂将蒙恬囚禁在阳周，并回报了胡亥。胡亥认为，扶苏已死，就可以释放蒙恬了。然而，赵高对蒙氏早有不满，怨恨未消，又害怕蒙氏再次受宠，他觉得只要蒙氏在，对自己便是一个非常大的威胁。

恰逢蒙毅受始皇帝命祷告山川回来，赵高便趁此机会，向胡亥进言说："臣听说先皇想要举贤任能，一直有册立您为太子的心思，蒙毅却进谏阻止。"并建议胡亥"不若诛之"。胡亥听后大怒，就在代郡囚禁了蒙毅。

巡行的车驾回到咸阳（今陕西西安西北），始皇发丧安葬后，胡亥即位，是为秦二世。赵高日夜诬陷诽谤蒙氏，不断寻找罪名加以弹劾。子婴反对降罪于蒙氏一族，进谏说："现在，蒙氏一族都是国家的重臣，陛下却要对他们赶尽杀绝，我认为这样是不合适的。

《谏逐客书》与《过秦论》

《谏逐客书》	《过秦论》
战国李斯	西汉贾谊
驳论文，援引昔日客卿对秦国发展的积极作用来论证今日逐客的错误	立论文，以秦二世而亡的史实论证国君施行仁政的必要
援古证今，重在证，以历史的经验来证明今天做法的错误	以古鉴今，重在鉴，以秦速亡的历史教训，作为汉王朝建立制度、巩固统治的借鉴
层层推进，正反对比，环环紧扣，论证严密	欲抑先扬，由实到虚，层层推进，最后点明主题
大量的排比句中又间用散句，整齐中有变化，气势雄放不羁，开创了骈文之风	善用比喻和排偶，语言壮丽豪迈，情感充沛，气势逼人，富于文采

罪地脉

蒙恬筑长城，连连万余里。
邀功暴黔首，阿意悦天子。
堑山湮谷不可罢，役夫半死长城下。
三世为将，道家所忌。
何况秦人实寡恩，有罪无罪胡足计。
蒙毅还祷，帝载辒凉。
二世既立，扶苏已亡。
将军握兵三十万，秦人杀之如刈羊。
吁嗟乎！蒙氏诛高高未死，
怨毒于人真甚矣。
恬守边，高侍侧。
恬不诛，高不释，此事如何罪地脉。

——清·张晋

轻于思虑，就不能治理国家；不能纳言，就不能保全君王。诛杀功臣，转而任用那些没有节操的人，这样的话，对内群臣之间便无法相互信任，对外也将使战士的意志分离。"然而，胡亥根本不听子婴的建议，毅然决然要杀掉蒙毅。

胡亥派遣御史曲宫前往代郡，呵斥蒙毅说："先王欲立太子，你却横加阻拦。现在丞相认为你对国家不忠，判

蒙恬将军驾车塑像
蒙恬（约前259年—前210年），姬姓，蒙氏，出身名将世家，自幼胸怀大志，秦朝著名将领。曾驻守上郡10余年，威震匈奴，被誉为"中华第一勇士"。

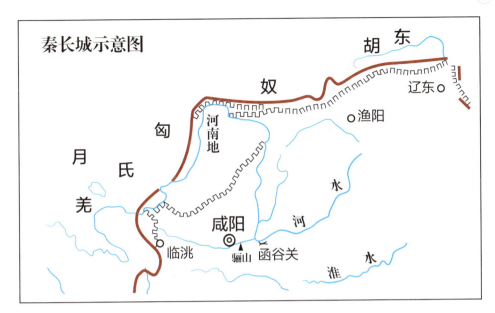

秦长城示意图

秦始皇八年（前214年），大将蒙恬北逐匈奴，又从临洮到辽东，绵延万里修建长城，从此华夏有了"万里长城"，但立下汗马功劳的蒙恬却含冤而死，也让这段历史更加悲壮。

你灭族之罪。我不忍心，只赐你一死，你应该感到很庆幸了。"

蒙毅申辩说："先王要立太子，已经谋划了好几年，我怎么敢于进谏谗言，乱出计策呢？我不敢苟活，只希望能够为实情而死。古已有训：正道尊视顺意成全，而鄙贱严刑酷杀。用正道治国的人，不杀害无罪之人，也不会刑罚无辜者。希望大夫能够细心地想一想！"曲宫知道胡亥的本意，没有听蒙毅的话，照样将他处死。

蒙毅死后，赵高又挑拨胡亥，让胡亥再派使者去阳周杀蒙恬。

使者对蒙恬说："你罪过太多，况且蒙毅当死，依照法律，连坐于你。"

蒙恬说："我们蒙氏一族，祖孙三代为秦国出生入死，建立30万大军，足以反叛。但我没有那么做，是因为我对皇上忠心耿耿啊。我不敢辱没先人的教诲，不敢忘记先王的恩情。希望皇上也悬崖勒马，不要听信小人的谗言。犯有过错可以改过，多听谏言可以使自己觉醒。我之所以这么说，并非为了免除自己的一死，而是要说出忠谏，希望皇上能够考虑顺应正道的事。"

使者说："我只是受诏来对你行刑的，不敢把将军的话说给皇上听。"

蒙恬长叹说："我有什么罪，竟没有过错而被处死？"沉默良久又说："我的罪过，本就应该受死，我修长城，起临洮（今甘肃岷县），到辽东，挖了1万余里，这其间肯定挖断地脉，这便是我犯下的过错啊！"于是吞下毒药自杀。

少年中国史

严格的兵制

从战国晚期到天下大一统,尤其是商鞅变法以后,秦都实行严格的兵制。秦朝的兵役制度和军事制度,是在商鞅变法的基础上形成和发展而来的,是秦帝国封建国家机器的重要内容。秦朝建立以后,军队更加统一,兵役制度更为完善,军队的指挥和管理体制严密,军权高度集中,中国封建社会军事制度已经基本成型。

● 完善的征兵制度

秦的兵役制度,以户籍什伍制度直接控制下的个体小农经济为基础,实行兵农合一的郡县征兵制,并辅以军功赐爵制度。这种征兵制的实行,来源于商鞅变法中的军事改革。

秦统一六国以后,沿袭战国时的郡县征兵制,征兵的主要对象就是籍隶在什伍中的"编户齐民"。郡县制之下的户籍什伍制度,使中央能够按伍、什、里、乡、县逐级管理,直接控制以"户"为单位的编户齐民,也为实现有效的征兵提供条件。

秦朝的征兵制,对征兵对象、征兵年龄、征兵人数都有着严格的明确的规定:

1. 征兵对象。一般而言,征兵对象严格限制在编户齐民,包括无爵的"士伍"以及一级爵"公士"至四级爵"不更"。身份低于"士伍"的奴隶、贱民没有服兵役的资格,即便从军,也只能做"徒兵";身份高于"不更"者,不列于什伍之内,享有免役之特权。征兵制对身体条件也有明确的规定,登记时,赢弱或有残疾者,只服劳役,不服兵役,身高不足六尺者,也不得服兵役。

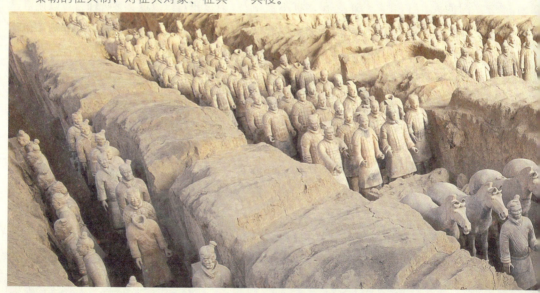

2. 征兵年龄。按照规定，凡男丁年满15岁，都必须向官府登记，著于名册，仍称"傅籍"。"傅籍"以后，根据战争需要，随时可征集入伍。停止服役的年龄称"免老"，有爵位者56岁免老，无爵位而为"士伍"者则60岁免老。又规定，凡年满23岁的男丁，首先轮流到郡县服1个月的杂役，称"更卒"，再到中都军队中服役1年，守卫京都，称"正卒"；后守边1年，称"戍卒"。但是，在实行过程中，往往超出规定，遇有大规模的战争，免老年龄的老者也不会免役。

3. 征兵人数。秦对每户征兵人数也有规定，每户中，已经"傅籍"的男丁不同时服兵役，至少需留1人，以保证农业生产的正常进行。

秦朝兵役制度的完善使国家有了充足的兵源，同时也能保证军队的更新。实际上，秦朝的兵役制度虽有明确的规定，但仅适用于平时，遇有"大役"或兵源不足的情况下，随时可能逾制征兵。大一统以后，秦朝用兵无度，加在平民身上的兵役负担已经大大超过规定。

秦兵马俑头像
面部表情栩栩如生，眉毛胡须纤毫毕见，达到了相当高的工艺水平。

秦兵马俑一号坑

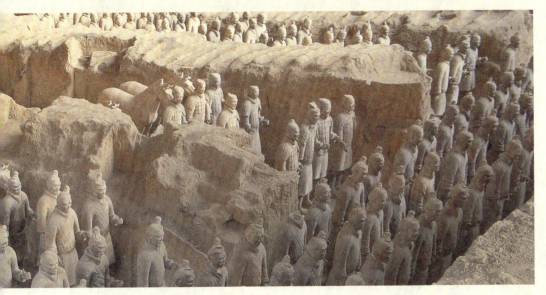

● 标准化的兵器生产

秦军的兵器生产，已经直观地认识到了合金成分、性能和用途之间的关系，将铜、锡配比规范化，更具备了有效的防锈技术，使兵器光亮如新，锋利无比。

秦军的兵器生产，其种类、用途、性能、形制以及规格，均以保障实战需要为依据，以冶炼技术的提高以及渗碳制钢术的发展为基础。秦军的兵器囊括了几乎所有盛行兵器的种类，主要分为远射兵器、长兵器、短兵器三类：远射兵器有弓、弩、箭，长兵器有矛、戈、戟、钺、殳、铍，短兵器有铜剑等。另外还有甲、盾，以作防身之用。

随着秦帝国政治上的统一，秦朝采取一系列强制措施，制定了完善的生产制度，促进了兵器标准化生产的进一步发展。

1. 周密的生产计划。兵器生产的总计划由中央下达各级生产部门，工匠按

秦俑坑弩
现藏于秦始皇兵马俑博物馆。

下达的产品种类与数量指标组织生产。数量、种类严格控制，不得擅改。验收之时，若有丢失或数量不足的现象，有关官吏和工匠就要受罚。

2. 系统的工匠管理。秦朝不但通过控制工匠来控制兵器生产技术，也通过厚待工匠使其为国家服务，加强工匠的管理和控制。

3. 明确的责任制度。主要通过刻辞来明确兵器生产的责任，保证兵器生产的质量。推行"物勒工名，以考其诚"的奖罚办法，要求兵器之上，都要刻上制作机构、年代、督造者以及工匠的名字，发现问题可直接追查责任。

4. 规范的技术规格。秦律对兵器生产的规格有明确规定，"为器同物者，其大小、短长、广亦必等"，同类器物的生产都要符合统一的大小、长短和宽度标准。例如铜弩，不同弩机上的同一部件可以相互通用。又如青铜镞的头部，三个面以及三个棱都被加工成基本相等的抛物线，误差极小。

秦朝的带铤铜镞
配合弩机使用。秦兵马俑坑出土文物，现藏于陕西历史博物馆。

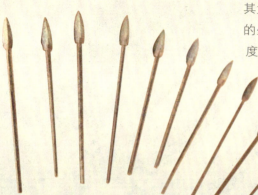

● 缜密的军事指挥制度

秦军的军事指挥系统有平时和战时之分，但调兵的大权永远掌握在国君或皇帝的手中。

统一六国后，秦朝开始建立起较完备的军事管理系统。太尉是负责全国军事的官吏。秦军分为京师兵、地方兵和边兵。京师兵主要由郎官、卫士和守卫京师的屯兵组成，其中，郎中令统领郎官，管辖宫廷禁军；卫尉统领卫士，负责宫廷警卫；中尉统领京师屯兵。地方军队常设武职，分郡、县两级，各郡设监军，负责监察郡县，也有将兵之责。地方兵一般由郡守或县令统领，平时维持治安，战时集中调遣。边兵主要负责边郡的戍守，由郡守统领，下辖都尉和部都尉。

在战时，秦朝实行另一套指挥体系。皇帝临时派遣将军统兵，最高军事长官称"上将军"或"大将军"，依次下设列将军、前后左右将军等武职。将军设有作战指挥机构，称为"幕府"。作战结束后，幕府等临时指挥机构撤销，将军交出兵权，军队恢复平时建制。

秦军的调动权由国君或皇帝掌握，按照规定，调兵需要使用"虎符"。虎符相当于一种军事文书，为调遣兵马的一种契约凭证，其往往以铜铸造，外形似虎，分为左右符，专符专用，一地一符，右符在国君或皇帝手中，左符在带兵的将军或地方长官手中。遇有战事，国君或皇帝将右符交给统帅，有急令，则将右符交由使者，带往军中，两符相合，才能调兵遣将。在秦代，虎符成为巩固帝王皇权地位的一种有效手段。

在陕西西安出土的秦代错金"杜"字铜虎符，呈昂首疾奔状，象征虎威和神速，身上刻有错金铭文："兵甲之符，右在君，左在杜，凡兴士被甲，用兵五十人以上，必会君符，乃敢行之，燔燧之事，虽毋会符，行。"

严格的兵役制度、标准化的兵器生产和缜密的军事指挥制度是巩固和加强君权和中央集权的有效方式，这些制度的实行，在建立起庞大而有序的军事系统的同时，更将兵权牢牢掌握在统治者的手中。

杜虎符

虎符是中国古代金属制的虎形调兵凭证，传说是西周姜子牙所发明，由中央政府发给掌兵大将，其背面刻有铭文，分为两半，右半存于朝廷，左半发给统兵将帅或地方长官，调兵时需要两半合对铭文才能生效。虎符专事专用，每支军队都有相对应的虎符。考古学家发现得最早的虎符是秦惠君的杜虎符。

前210年

乃行诛大臣及诸公子,以罪过连逮少近官三郎,无得立者,而六公子戮死于杜。

——《史记·秦始皇本纪》

屠戮贵戚

胡亥怀着极其阴暗的心理,为了威震天下,听信赵高的谗言而大肆屠杀宗亲和大臣,一场残忍的血色大清洗之后,赵高更加如日中天、嚣张跋扈。秦二世的残暴酷虐,加重了大秦帝国的祸患。

时间
前210年

地点
咸阳(今陕西西安西北)、杜(今陕西西安西南)

策划者
胡亥、赵高

被杀害者
皇室宗亲数十人、多位大臣

最大受益人
赵高

后果
随着屠杀的升级,赵高的权势越来越大,宗室群臣皆不敢言

秦·漆盘

前209年,胡亥即位以后,赵高为郎中令,在宫中侍奉,并掌管朝廷要事。秦二世认为,要威服四海,显示强大,就要像始皇帝那样巡视天下,于是开始东巡郡县,李斯等人随从。胡亥一行,北到碣石(今河北昌黎境内),沿海岸线南到会稽(今浙江绍兴),最后从辽东返回咸阳。秦二世将之前秦始皇所立的石碑都刻上字,在旁边刻上随从大臣的名字,以此来彰显始皇帝的功绩和德行。

这个时候,赵高向秦二世献计伸张法令。秦二世与赵高商议说:"大臣们都怏怏不服,官吏们也很强硬,诸公子必然想同我争位,怎么办呢?"这正合赵高心意,赵高趁机端出了他的计划。赵高建议,趁着巡视,把郡县守尉中犯罪的都杀掉,以此威震天下。秦二世对赵高的计划表示很赞同,于是,诛杀累累,群臣官吏人人自危。

赵高又对胡亥说:"诸公子都是陛下的兄长,大臣们都是先帝提拔的。如今,陛下刚刚即位,大臣不服,恐怕会暴乱。"秦二世忙问对策。赵高给出了他的计策:严法而苛刑,让犯罪的人连坐受诛,乃至灭族。对于赵高提出的铲除异己、诛戮故臣与宗亲的主张,秦二世言听

秦原览古

耕者戮力地，
龙虎曾角逐。
火德道将亨，
夜逢蛇母哭。
昔日望夷宫，
是处寻桑谷。
汉祖竟为龙，
赵高徒指鹿。
当时行路人，
已合伤心目。
汉祚又千年，
秦原草还绿。

——唐·于濆

计从。秦二世制定了更加严苛的法律，规定凡是犯了罪的大臣和宗族，都由赵高审讯惩治。

蒙氏兄弟死后，秦二世和赵高又用种种罪名接二连三地逮捕大臣，诛杀皇子。每位大臣死后，又株连甚广，甚至担任宫廷警卫的中郎、外郎、散郎，都无一幸免。

一次，在咸阳市上，12位公子被同时砍头。又一次，在杜邮（今陕西咸阳东）的刑场上，6位公子被活活辗死，10位公主被活活撕裂其肢体而死，陈尸市面，被株连的人不可胜数。

公子将闾兄弟三人，平时十分沉稳，秦二世找不出什么罪名，就暂时把他们囚禁在内宫。等公子大都被诛杀以后，赵高派人逼他们自尽，使者说："你们不像臣子，论罪当死。"将闾说："宫廷礼仪，我们不敢失仪；朝廷位次，我们不敢失节；奉命应对，我们不敢乱用措辞，怎么不像臣子？"使者说："我只是奉诏办事。"将闾仰首大叫："天啊！我没有罪。"兄弟三人相对而泣，拔剑自刎。

从此，宗室恐慌，大臣们委曲求全，每日谄媚奉承，百姓震惊万状，惶惶不可终日。

秦始皇陵铜车马
秦始皇死后，胡亥矫诏继位，却听信赵高之言，肆意打击异己、杀害贵族，这也导致秦二世最终走向灭亡。据说秦始皇陵铜车马的御官俑就是赵高所出任的中车府令的形象。

> ……于是二世常居禁中，与高决诸事。
>
> ——《史记·秦始皇本纪》

赵高专政

大肆屠戮中，秦朝损失了大批文臣武将；胡亥只想着纵欲享乐，对朝中大事置若罔闻。在谄媚的话语中，赵高步步得势，大权独揽，秦统治集团开始了无休止的内部倾轧。从一名宦官起家，赵高依仗着秦二世胡亥对他的宠信，把秦王朝的暴政推向顶峰，加速了秦的灭亡。

时间
前209年—前207年

谋划者
赵高

专政的手段
陷害屠杀宗室大臣，安插亲信党羽，设计隔开胡亥和群臣

结果
胡亥深居内宫，不再上朝，公卿很难见到皇帝

历史影响
忠臣良将被杀，赵高擅权，秦上层统治岌岌可危

秦·漆耳杯

赵高唆使秦二世对贵戚和官吏大加屠戮，结果弄得人心惶惶。此时的胡亥，俨然已成为赵高扩张权势的工具。

胡亥一心想着追求穷奢极欲的生活，他对赵高说："人这一生，就像是从墙缝中看见快马飞奔一样，太过短暂。现在，我做了皇帝，就想享尽一切快乐，而又能使宗庙安定、百姓富足，永久地享有天下，直到寿终正寝。"赵高对答说："陛下说得是。沙丘之谋，诸公子和大臣都在怀疑，这些人难保没有反意。臣每次想到这些，就战战兢兢，唯恐天下暴乱。"随后，赵高将自己屠杀大臣和公子的计划和盘托出，从此，两个人开始对朝中的大臣和皇室宗亲横刀相向。

一场残忍的屠杀之后，赵高向秦二世报告说："现在众人每天提心吊胆，自顾不暇，已经完全没有犯上作乱之心。"秦二世大喜，对赵高的计策深表赞赏。

在陷害和屠杀宗亲大臣的同时，赵高在朝中安插了大批亲信，他的兄弟赵成，被封为中车府令，他的女婿阎乐，成为都城咸

阳（今陕西西安西北）的县令，这些都是要职。朝廷之中，遍布着赵高的党羽，胡亥一味享乐，对赵高的这些行为毫无戒备。

赵高因为报私怨杀害了很多人，他唯恐大臣奏事的时候，向秦二世揭露自己的短处，就规劝秦二世深居宫禁之中。为了堵塞群议，他把秦二世与大臣隔开，建议秦二世罢朝会，他游说秦二世说："天子之所以尊贵，是因为群臣只能听说，而不见其形。"又说，"先帝在位时间长，所以群臣不敢进谗言。现在陛下年轻，又刚刚即位，未必每件事都知晓，事情如果有错，陛下处事不当，则必然要向大臣们暴露短处，恐为天下人耻笑。所以，陛下不如居内宫处理朝政，学习法令，由微臣在一旁辅佐。这样，大臣就不敢欺骗皇上，而是称颂陛下的盛名，一举两得。"秦二世深以为然，自此，他常居深宫，日夜享乐，懈怠政事，不再上朝，公卿很少能够见到秦二世。每遇大事，秦二世便找赵高决议，朝野大事都交给赵高代理，诸事"皆决于赵高"。

教本书

彼赵高者，诈宦之戮人也；而傅之以残忍戕贼之术，且日恣睢天下以为贵，莫见其面以为尊。是以天下之人人未尽愚，赵高之威慑天下，而胡亥固已不能分善畜矣。而胡亥固已自幽于深宫矣。

——元稹

玄武纹空心砖
此砖为陕西秦宫遗址中所有。秦始皇统一六国之后，大力发展手工业，对历史进步做出了巨大贡献，但秦二世的穷奢极欲让秦朝逐渐走向了灭亡。

> 前209年—前208年

（陈胜、吴广）乃诈称公子扶苏、项燕，从民欲也。袒右，称大楚。为坛而盟，祭以尉首。

——《史记·陈涉世家》

陈胜起义

从大泽乡起义，至陈胜被杀，历时仅有半年。但是，陈胜第一个举起反抗暴秦的大旗，掀起反秦浪潮，以汹涌的起义波涛冲击着秦政权；他提出的"王侯将相，宁有种乎"，是对贵族血统论的有力抨击，注定激荡千年。

起义时间
前209年—前208年

起义原因
秦的暴政

起义地点
大泽乡（今安徽宿州东南）

主要领袖
陈胜、吴广、周文等

起义人数
900余人

建立政权
张楚政权

参战方
秦军、张楚军

秦军指挥官
章邯

结果
陈胜起义坚持了6个月，最终遭秦军镇压而失败

二世暴政

在秦始皇去世之时，已是民怨沸腾，而秦二世、赵高更加暴虐无道，对劳动人民的压迫和剥削，较秦始皇有过之而无不及。

为了赶修骊山墓，秦二世大规模地征发徭役。在埋葬秦始皇时，秦二世下令，后宫凡是没有子嗣的，都要殉葬。为了防止工匠泄密，秦二世下令将全部工匠闷死在墓内。秦二世"多杀宫人，生埋工匠，计以万数"。除了长年的无偿劳役外，农民的赋税负担也日益加重。

埋葬秦始皇后，秦二世开始大兴土木，兴建阿房宫。秦二世认为，始皇帝因为咸阳宫太小，所以才营建阿房宫，宫室没有建成，始皇帝却已驾崩，只能停建阿房宫，骊山墓的

陈胜反秦起义塑像
此雕像立于河南永城芒砀山陈胜墓山门广场，以纪念陈胜、吴广起义这一历史上的伟大壮举。

> **过秦论（节选）**
>
> 二世不行此术，而重以无道：坏宗庙与民，更始作阿房之宫；繁刑严诛，吏治刻深；赏罚不当，赋敛无度。天下多事，吏不能纪；百姓困穷，而主不收恤。然后奸伪并起，而上下相遁；蒙罪者众，刑戮相望于道，而天下苦之。自群卿以下至于众庶，人怀自危之心，亲处穷苦之实，咸不安其位，故易动也。是以陈涉不用汤、武之贤，不借公侯之尊，奋臂于大泽，而天下响应者，其民危也。
>
> ——西汉·贾谊

工程完成后，如果放弃修建阿房宫，就表明始皇帝的决策是有失误的。于是，一度停建的阿房宫在秦二世的命令下重新恢复修建。繁重的徭役，使广大农民背井离乡，累死道旁，甚至出现了"道路死人以沟量"的惨状。

对外，秦二世采用安抚四方的策略，征发大批贫苦农民戍守边地，又调集5万身强力壮的兵丁屯卫咸阳（今陕西西安西北），下令教习射箭，并且饲养了大量的狗马禽兽供自己赏玩。大批的人马聚集在咸阳，导致咸阳仓里的粮草供应不足，秦二世只得下令征调粮食饲料，并规定，所有的转运人员都必须自带干粮，不准吃咸阳300里之内的谷物。

秦二世时期，施法也更加严酷苛刻，人民动辄触犯刑律，道路上挤满了穿囚衣的犯人，监狱也关满了人，甚至被割下来的鼻子和脚多得都没地方放。酷虐的刑罚，导致冤狱遍布全国，被刑者动辄上万人，甚至百万。

残酷的剥削，使得民众饥寒交迫，深陷苦难，无以为生。社会剧烈震荡，人民惶惶不可终日。面对这样黑暗残暴的统治，人们为了摆脱苦难，只有揭竿而起。在这样的暴政下，陈胜、吴广在大泽乡振臂一呼，首先举起了反抗暴秦的旗帜。

起义反秦

秦二世元年（前209年）七月，官府征发"闾左"贫民900人戍守渔阳（今北京密云西南）。陈胜和吴广都在被征发之列，被推选为屯长。

陈胜、吴广起义
为纪念陈胜、吴广起义而发行的银纪念币，现藏于重庆中国三峡博物馆。

走到蕲县（今安徽宿州南）大泽乡时，暴雨滂沱，道路泥泞无法行进，致使延误了抵达渔阳的期限。按照秦律规定，延误期限的一律斩首。在此紧要关头，陈胜、吴广共同商议，逃亡是死，起义也是死，倒不如起义反秦，干出一番事业。陈胜还进一步指出："如果我们假称是公子扶苏、项燕的部队，又是天下首发，响应者肯定众多。"于是，二人决定采用各种方式，制造反秦舆论。他们先去找人占卜，占卜的人深会其意，指导他们以鬼神去威服众人。

经过密谋，陈胜、吴广以丹砂写下"陈胜王"在帛上，悄悄塞进渔民捕捞的鱼的腹中。戍卒买回鱼，烹食之时发现了丹书，感到极为蹊跷。晚上，吴广潜入戍卒驻处附近的神祠，点燃篝火，学着狐狸号叫，高喊："大楚兴，陈胜王。"戍卒都惊慌不安。第二天早晨，戍卒们纷纷议论，指指点点，都把目光聚向陈胜。

接着，陈胜、吴广又设计杀死了押运戍卒的将尉，并把戍卒召集起来说："现在因为大雨而耽误了期限，误期是要被斩杀的。即使能够免除斩刑，去守卫边塞也会有十之六七死掉。壮士不死则已，要死就该名扬天下。王侯将相，难道是天生的贵族吗？"戍卒们都愿意听从号令。于是，他们就诈称是公子扶苏、项燕的队伍，以此顺从民心。起义军全都露出右臂，号称大楚，设坛盟誓，以将尉之头祭天。

陈胜自立为将军，吴广为都尉，斩木为兵，揭竿而起，并迅速攻下大泽乡，大泽乡起义爆发了。

陈胜、吴广起义与黄巾起义对比

陈胜、吴广起义	黄巾起义
领导人：陈胜、吴广	领导人：张角、张梁
口号：王侯将相，宁有种乎	口号：苍天已死，黄天当立
前期准备：无，临时性的短暂密谋	前期准备：有周密计划、有长期准备、有明确目标
发动起义手段：利用人们相信鬼神的迷信心理，制造天定之象	发动起义手段：利用宗教形式进行起义的宣传和组织工作
持续时间：6个月	持续时间：9个月
建立政权：张楚	建立政权：无
影响力：点燃了社会的反秦之火，促使全国各地反秦力量群起，使秦朝统治名存实亡	影响力：为东汉末年军阀混战揭开了序幕，使东汉王朝的统治名存实亡

陈县称王

陈胜、吴广收编下大泽乡的义军后，迅速攻占蕲县，接着兵分两路进军：陈胜、吴广命令葛婴率兵攻打蕲县以东；陈胜、吴广率主力西进，连克铚（今安徽宿州西南）、酂（今河南永城西南）、苦（今河南鹿邑）、柘（今河南柘城）、谯（今安徽亳州）。一路之上，穷苦的百姓纷纷加入义军。到达陈县（今河南淮阳）附近时，义军已经拥有兵车六七百乘，骑兵1000多名，步卒数万人。

表现陈胜、吴广大泽乡起义的绘画

很快，义军占据了陈县。陈县原来是春秋时陈国的都城，又是楚后期的国都，秦灭六国后，在这里加强守卫，把它视为在东方的统治据点。占领陈县，对义军来说具有重要的战略意义。

几日后，陈胜在陈县召集三老、豪杰前来议事。在他们的劝说和拥戴下，陈胜自立为楚王，国号"张楚"，意为"张大楚国"。这时，各个郡县的百姓，苦于秦吏迫害，都起兵造反，响应陈胜的号召。

陈胜任命吴广为假王，率军西击荥阳（今河南郑州西北）；又命令宋留向西南进攻南阳郡（今河南南阳），以进攻关中；命令陈县人武臣、张耳、陈余向北攻打原赵国的领地；命令邓宗向南攻占九江郡（郡治今安徽寿县）；命令魏国人周市攻打原魏国的领地。到这个时候，陈胜起义已呈大势，起义军多得不计其数。

各路起义军横行天下，他们攻城略地，几乎没有攻打不下的。面对起义军的攻势，秦军毫无招架之力，关东大片土地和郡县都被占领。武臣占领邯郸（今河北邯郸）后，自

一呼百应的陈胜起义

秦王朝的暴政，在胡亥重用赵高之后达到了顶峰，民不聊生的现象比比皆是，也因此，当陈胜举起义旗反对秦二世的时候，响应者众多。

立为赵王，封陈余为大将军，张耳、召骚为左、右丞相。周市攻占魏地后，立魏咎为魏王，占据魏地。齐国田儋也自立为齐王。各地相互立为诸侯王，联合向西进军，人数不可胜数。

西征失利

吴广率领军队到达荥阳城后，遭到了三川郡郡守李由（李斯长子）的顽强抵抗，他凭坚城固守，吴广久攻不下，进退两难，只能将荥阳团团围住，义军西征陷入僵持状态。

陈胜召集豪杰商量对策，并任命上蔡房邑君蔡赐为上柱国（楚国最高等武官名）。接着，陈胜又授给陈县的贤人周文将军印，让他向西攻秦。周文一路扩充军队，绕过荥阳，到达函谷关（今河南灵宝东北）时，已经拥有战车上千辆，士兵数十万人。周文军队所向无阻，到达戏亭（今陕西临潼境内）后，就将军队驻扎了下来。秦二世得到军报后，大为惊慌，来不及调兵，就派少府章邯赦免骊山刑徒以及家奴所生之子，将他们全部调集起来，抵御周文的军队。接着就急调守卫北边长城的30万大军，火速南下。

周文因孤军深入，又缺乏训练和战斗经验，经过几次苦战，结果兵败，逃出了函谷关，在曹阳（今河南灵宝东北）驻守，章邯追来，在曹阳再败周文，周文又逃到渑池（今河南渑池西）。章邯又来追击，大败周文，周文自杀，战争形势开始发生转变。

随着张楚军队西征的失利，反秦义军开始出现明显的分裂。六国贵族纷

纷割据，自立为诸侯王，互相倾轧，并不服从"张楚政权"的调遣。

陈胜败亡

周文自杀后，围困荥阳的义军将领田臧等人谋划商议：留少许军队继续围困荥阳，而以精锐部队迎击秦军，并计划杀掉吴广。于是，他们就共同诈称陈胜之令，杀了吴广，并把吴广的首级献给陈胜。事已至此，陈胜只能授予田臧令尹（楚国称宰相为令尹）的大印，让他做上将军。田臧命令李归等将领驻守在荥阳城下，自己则带领精锐部队西进到敖仓（今河南郑州西北）迎战秦军。双方交战后，田臧战死，章邯率兵攻打到荥阳，李归等人战死。

章邯解除了起义军对荥阳的包围后，派兵攻打驻扎在郯（今山东郯城）的起义军邓说。邓说兵败，率军溃逃回陈县。伍徐率义军驻守在许（今河南许昌东），也被章邯的军队击溃，伍徐的部队也都溃散逃回陈县。

伍徐兵败后，章邯开始进攻陈县，上柱国蔡赐战死。章邯又率军进攻陈县西边的张贺，陈胜亲自出城督战，结果义军还是战败，张贺战死。秦二世二年（前208年）十二月，陈胜败退到汝阴（今安徽阜阳），后又退到下城父（今安徽涡阳），为他驾车的御手庄贾叛变，杀害了陈胜。

阿房宫图
清袁江绘。阿房宫被誉为"天下第一宫"，是中国历史上第一个统一的多民族中央集权制国家秦帝国修建的新朝宫。

> 前209年—前208年

相立为侯王，合从西乡，名为伐秦，不可胜数也。……沛公起沛，项梁举兵会稽郡。

——《史记·秦始皇本纪》

义兵蜂起

陈胜起义后，各地纷纷响应，反秦星火，立即如燎原烈火，迅速燃遍各地。陈胜起义虽然失败了，但他的反秦事业在项梁、项羽、刘邦等人手里得到继续推进。薛城之会，义兵蜂起，战火蔓延，大秦帝国距离它的末日更近了。

时间
前209年—前208年

重要事件
会稽（今江苏苏州）起义、芒砀山起义、薛城（今山东滕州市南）之会

主要军队
刘邦军、项羽军、六国军队

主要指挥官
项羽、项梁、刘邦

楚国建都
盱台（今江苏盱眙东北）

刘邦起义

陈胜起义后，各地农民纷纷起义，百姓都杀掉郡县长官响应陈胜。早已"亡之江中为群盗"的刑徒黥布，聚兵数千人，反叛秦朝。东阳（今江苏盱眙东南）人杀县令，相聚数千人，立"苍头军"。反秦起义席卷各地，从者如流，全国已经形成共起反秦的局势。

在这种形势下，刘邦也在沛县举起义旗。刘邦出身于一个普通的农民家庭，后来成为沛县（今江苏沛县）泗水亭长。刘邦曾多次以亭长身份送刑徒去秦都咸阳，在一次送刑徒去骊山（今陕西临潼境内）的路上，刑徒有很多在半路上就逃走了。他估计走到骊山的时候，人也逃得差不多了。

走到丰邑（今江苏丰县）西面的大泽中时，刘邦停下来饮酒，趁着夜晚把所

汉高祖刘邦像
秦末起义风起云涌，但最后的赢家却是出身农家的刘邦，他先是投奔项梁，再是进驻灞上，在秦朝灭亡后更是击败当时最有潜力的楚霸王项羽，统一了天下，建立了历史上著名的汉王朝。

有的刑徒都释放了。趁着酒兴，刘邦果断地带领愿意跟随他的10余个壮士，藏匿在芒山、砀山一带的深山湖泽之间，闯荡江湖，静观其变。沛县的一些年轻人听说了这件事，都跑来依附于他。

陈胜大泽乡起义之后，沛县周边各郡县都有人杀死郡县官吏，响应陈胜的号召。沛县县令很害怕，也想着带领沛县人起义。主吏萧何、狱掾曹参建议召集逃亡在外的人。于是县令命令樊哙招来刘邦，而在此时，刘邦的队伍已经有上百人了。

樊哙把刘邦召回后，县令却又害怕发生变故，严加防守。萧何、曹参都投靠了刘邦。刘邦起兵攻下沛县，杀死县令，沛县父老想让他做县令，刘邦却以不能胜任为推托，最终，刘邦被立为"沛公"。

自此，萧何、曹参、樊哙等人，都帮助刘邦征集兵马，一共召集了两三千人，攻打胡陵（今江苏沛县北）、方舆（今山东金乡），把军队驻守在丰邑。秦军围攻丰邑，刘邦出兵大败秦军。刘邦命令雍齿守卫丰邑，自己率领军队攻打薛地。雍齿在魏国人周市的劝说下，反叛刘邦，而替魏国守卫丰邑。刘邦回军攻打丰邑不下，因病返回沛县。

刘邦听说东阳宁君、秦嘉在留县拥立景驹为楚王，便打算投靠秦嘉，借兵攻打丰邑。刘邦与东阳宁君引兵西进，在萧县（今安徽萧县西北）西南被秦军大败，退居留县（今江苏沛县东南）。接着，刘邦又汇集散兵，攻打砀县（今安徽砀山南）。攻占砀县后，刘邦收编砀县五六千降兵，又攻下下邑（今安徽砀山），后又回军去攻打丰邑。

适逢项梁、项羽率领数万大军已进驻薛城，刘邦为了自身的发展，乃北上至薛城，投靠了项梁。

会稽起义

就在刘邦起义后不久，项梁、项羽也在会稽举起了反抗暴秦的义旗。

项梁是下相（今江苏宿迁西南）人，是楚国名将项燕的后代。项羽为项梁兄长的儿子，名籍。项家世代为楚将，封在项地，故而姓项。

秦二世元年（前209年）七月，陈胜起义的消息惊动了会稽郡。九月，会稽郡守殷通对项梁说："现在整个天下都反抗秦，这也是天要亡秦。应先发制人，如果后发必然受制于人。我欲派你和桓楚为将，起兵反秦。"项梁心中暗喜，他知道，等待已久的良机已经到了。当时，桓楚正在草泽中逃亡。项梁献策说："桓楚正在逃亡之中，别人都不知道他的去处，只有我的侄子项籍知道。"殷通急于先发制人，摆脱困境，就打算召见项羽。项梁嘱托项羽持剑在外等候召见，项羽入内看见郡守，在项梁的授意下，突然拔出剑杀掉殷通。项梁拿起郡守的头颅，佩戴上郡守的印绶。

项羽画像

渡江西进

秦二世二年（前208年），陈胜部将召平攻打广陵（今江苏扬州），在攻击的过程中，听说陈胜败走，又得知章邯的军队即将追击而来，召平就率军渡过了长江，并假借陈胜的名义，下令封项梁为张楚政权的上柱国，并命令项梁引兵向西攻打章邯。8000精兵渡江而西。2万人前来归附。

项梁率军渡过淮河后，吕臣、黥布等军队也加入了项梁起义军的行列。吕臣本是陈胜的近侍将军，陈胜败亡后，吕臣义愤不已，组织"苍头军"，在新阳（今安徽界首北）重新举起义旗。在他的组织下，陈县很快被攻下，并杀了叛徒庄贾，以陈县为楚国的都城。不久，秦左右校又占领陈县。吕臣再次组织被打散的军队，并与黥布在鄱阳湖一带会合，共同抗击秦左右校。他们合力攻打秦军，在青波（今河南新蔡西南）大败秦军，第二次夺回了陈县，再次在陈县建立楚都。项梁到来，吕臣和黥布率军归附。

行军至下邳（今江苏邳州南）时，项梁已经拥有军队六七万人。当时，陈胜部将秦嘉对张楚政权的危难视而不见，竟然擅自拥立故楚贵族出身的景驹为楚王，占据彭城（今江苏徐州）以东，企图阻挡项梁西进。项梁严正指出："陈王最先起义，却历经多次失败，现在也不知道在何处。如今，秦嘉背叛陈王而立景驹为王，这实在是大逆

一时间，郡守的手下都非常恐慌，四处逃窜。项羽奋力追击，一连杀了100余人。整个郡府上下都吓得趴倒在地上，没有一个人敢站起来。于是，项梁迅速夺取了会稽郡府。

紧接着，项梁召集原本就熟悉的豪强官吏，告知他们之所以起大事的原因和道理，然后开始调集吴中兵卒。项梁派人去接手吴中郡治下的各县，一共得到精兵8000人。项梁选任吴中的豪杰为尉、候、司马，并自封为会稽的郡守，项羽成为副将，他们又发动吴中的军队，攻城略地，很快就平定吴中。

不道！"于是，下令攻打秦嘉。追击到胡陵时，秦嘉、景驹战败而死，他们的军队全部投降。项梁收编秦嘉的降兵后，驻扎在胡陵，准备率军向西攻秦。

章邯率军到达栗（今安徽夏邑），项梁命令别将朱鸡石、余樊君迎战章邯。结果，余樊君战死，朱鸡石战败，逃回胡陵。项梁随即率领军队到达薛城，诛杀了朱鸡石。

项梁派项羽攻打襄城（今河南睢县），由于守城的将士负隅顽抗，襄城久攻不下。项羽最终击破襄城后，愤怒之下下令将守城的军民全部坑杀，然后回来向项梁报告。

楚怀王孙熊心铜像
熊心（？—前206年），为楚怀王之孙，楚国灭亡后，流落民间，为人牧羊。秦二世二年（前208年），被项梁（项羽的叔父）拥立为楚王，仍袭楚怀王称号。后人称之为义帝，图为湖南郴州义帝陵中的义帝铜像。

薛城之会

随着项梁、刘邦等人的起义，江淮一带很快就形成了反秦斗争的热潮。秦二世二年（前208年）六月，听说陈胜确实已死后，作为张楚政权的上柱国，项梁召集各路别将前往薛城议事，共谋反秦大略。刘邦也专门从沛县赶来，率领百余人参加会议。

会上，范增劝说项梁拥立楚王后人，这样才能顺应民意，他说："陈胜失败，本来就应该。秦灭六国，楚国是最无罪的。楚怀王被骗入秦没有返回，直到现在楚国人还同情他，所以楚南公说：'楚虽三户，亡秦必楚。'现在，这么多的楚国故旧争相依附于将军，如众蜂飞起，就是因为项氏世世代代做楚国大将，一定会立楚王后代为王。"

项梁采纳了他的计策，派人找到为人放羊的楚怀王孙熊心，把他立为楚怀王，并在盱台建都。又封陈婴为上柱国，封给他五个县，在盱台辅佐楚怀王。项梁自己则号称武信君，掌握实际上的军政大权。

> 前208年

遂父子相哭，而夷三族。

——《史记·李斯列传》

李斯灭族

李斯以卓越的政治才能和远见，辅佐秦王完成了统一六国的大业。沙丘之谋，李斯为了个人的得失，制造宫廷政变，走上政治上的不归路，在赵高的诬陷声中，李斯最终走向了死刑场。李斯死后，赵高更加肆无忌惮，独揽朝纲，以致出现了"指鹿为马"这样的历史奇闻。

时间
前208年7月

谋划者
赵高、胡亥

诛杀借口
谋反

被诛杀者
李斯、冯去疾、冯劫

历史典故
指鹿为马

历史影响
赵高独揽朝纲，大权独揽，事无大小皆决于赵高

秦·圆奁
圆形，直壁，平底，子母口。外部通体以黑漆为地，内髹红漆。从出土情况看，奁主要盛放铜镜等化妆用具及化妆品，也可以盛放食品。

被杀灭族

随着农民起义的爆发与反秦斗争的高涨，赵高、李斯之间的争斗也越来越激烈。赵高独揽朝纲，引起了一向位高权重的左丞相李斯的不满，李斯屡次想要找机会进谏胡亥，胡亥只是不许，而赵高也在此时找机会陷害李斯。

有一次，赵高询问李斯："如今，关东的盗贼越来越多，但是皇上却加紧派遣徭役以修建阿房宫，声色犬马，对盗贼蜂起的事毫不关心。我本想劝谏，无奈人微言轻。丞相说话有分量，怎么也不进谏呢？"李斯苦笑着摇头说："我又何尝没有想过，只是现在皇上常居深宫，难以谋面。我虽然想进谏，却无法传达给皇上。"赵高心中暗喜，表面上却不露声色地说："只要丞相愿意，我一定尽心帮助，趁着皇上得空，就立即来禀报你。"

赵高深知秦二世已沉溺于酒色，不能自拔，就故意

趁着秦二世与宫中美女宴饮作乐之时，欺骗李斯前来奏事，像这种情况，发生了很多次。胡亥大怒道："我闲着的时候不来奏事，偏偏要在我宴饮正酣之时再三扫我兴致。难道是欺负我年轻吗？还是故意让我出丑？"赵高立即怂恿说："以往的沙丘之谋，丞相也是参与者。现在，陛下已经是皇帝，而丞相未因此而得到更多的好处。大概是也想裂地而称王。"又说，"丞相长子李由现任三川郡守，造反闹事的盗贼陈胜等人与丞相本是同乡。盗贼经过三川郡的时候，李由也不组织还击。臣还听说李由与陈贼向来有书信往来。"秦二世相信了赵高的诬告。秦二世想要惩办李斯，又怕赵高所言言不副实，于是便下令调查三川郡郡守李由私通盗贼一事。

李斯知道后，才意识到这是赵高的诬陷和阴谋。紧接着，李斯上书给秦二世，一方面申诉自己的冤屈，另一方面揭露赵高的"邪佚之志，危反之行"，指出赵高企图取君位而代之，提醒秦二世注意。秦二世却以为，赵高忠心耿耿，最讲信义，最能顺从自己的心意。秦二世已经完全听信于赵高，他不仅不考虑李斯的建议，甚至将李斯的申诉告诉赵高，嘱托他小心行事。

而在此时，义兵蜂起，人数日益增多，而秦二世仍继续征发戍卒，增加徭役。李斯与将军冯劫、右丞相冯去

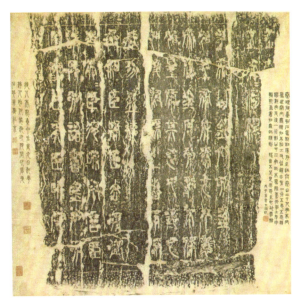

琅邪台刻石
李斯《琅邪台刻石》是秦代传世最可信的石刻之一，笔画接近《石鼓文》，用笔既雄浑又秀丽，结体的圆转部分比《泰山刻石》圆活，确实为小篆第一代表作。

疾联名上奏秦二世，建议暂停修建阿房宫，减少徭役和戍守，让戍守边疆的人回转故里，以缓解民愤。秦二世却认为既然贵为天子，就应该肆意极欲，为所欲为，而自己的享乐还不够呢。秦二世愤怒地说："戍边地，修宫室，这些都是先帝开创的基业，必须继承！现在我

读李斯传

一亲致三毂，本图行地速。
不知驭难，举足成颠覆。
欺暗尚不然，欺明当自戮。
难将一人手，掩得天下目。
不见三尺坟，云阳草空绿。
——唐·曹邺

赵高、李斯矫诏
赵高与李斯在秦始皇死后，矫诏逼死公子扶苏与大将蒙恬等人，但昔日的盟友也在不久的将来反目，最终，赵高赢得了秦二世的宠信，李斯黯然被杀。

才即位两年，就蜂盗并起，完全是因为你们镇压不力，却想着破坏先帝留下的功业。你们身为两朝重臣，上无以报先帝，尔后又不能为朕尽忠，还有什么资格占着丞相、将军的位子？"说完后，就将他们逮捕入狱，交付司法官审办，追究他们的罪责。冯去疾、冯劫非常痛心，拒不受辱，在狱中含恨自杀。

胡亥派赵高审讯李斯的案件，赵高每天严刑拷打李斯，刑讯逼供，责问李斯与其子李由谋反之事，直打得李斯皮开肉绽，体无完肤。赵高又以"斯与子由谋反"的罪名抓捕了李斯的宗族宾客，并施用酷刑。李斯实在无法忍受，只好承认谋反。他自信有雄辩之才，又是有功之臣，而且确实没有谋反，希望通过上书陈述冤情，乞求秦二世的赦免。李斯虽然历数自己有七大罪状，实际上却是在陈述自己的功劳。

可是，进谏之路已经被赵高牢牢把控，李斯的申诉书被赵高扣留。赵高派自己的亲信扮成御史、谒者、侍中，

《斩李斯父子》
元刻本《秦并六国平话》。秦二世二年（前208年）七月，因遭赵高诬陷，李斯被腰斩于咸阳，夷灭三族。

轮番提审李斯。如果李斯坚持说出实情,固执己见,则严刑拷打,直到李斯坚持假供不再改口为止。后来,秦二世派人审问他,李斯以为仍像从前,害怕再受酷刑,就以假口供对之。秦二世看到后,认为李斯真的要谋反,而对赵高感恩戴德:"若不是爱卿,朕就被丞相给出卖了。"

调查"李由通盗"的使者到三川郡后,李由已经被项梁所带领的起义军斩于雍丘(今河南杞县)。使者回来,李斯已经交给狱吏看管,无以对证。赵高就窜改了调查的实情,假造一些李由叛变的证据,并对秦二世说已经将李由就地正法。

秦二世二年(前208年)七月,李斯被俱五刑,腰斩于咸阳(今陕西西安西北),三族皆被杀死。

指鹿为马

冯去疾、冯劫、李斯已死,秦二世拜赵高为中丞相,事无巨细,都由赵高一人决定。渐渐地,赵高自知权势很大,甚至不把秦二世放在眼里。赵高命人牵来一头鹿献给秦二世,说:"臣进献一马,以供皇上赏玩。"秦二世大笑说:"丞相错了,这分明是一头鹿,怎么是马呢?"赵高又板起脸问大臣:"你们说这是鹿还是马?"有的大臣慑于赵高的淫威,缄默不语;大多数人,惯于奉承,忙说是马;少数人回答是鹿。事后,凡是回答是鹿的人,都被赵高暗中除掉。自此,群臣都畏惧赵高,不敢持有异议。

指鹿为马雕塑

前208年

秦果悉起兵益章邯，击楚军，大破之定陶、项梁死。

——《史记·项羽本纪》

秦兵平叛

项梁起义以后，一路高歌猛进，屡战屡胜，将士们日益骄纵。然而，骄兵必败，在秦军的全力冲击下，项梁最终兵败。这是陈胜败亡之后起义军的又一损失，导致反秦起义陷入低谷。

时间
秦二世二年（前208年）

主要指挥官
秦军：章邯；楚军：项梁、项羽、刘邦

进攻方式
秦军集合所有兵力，连夜奔袭

战场
定陶（今山东定陶）

战争后果
项梁战败，义军大部撤回彭城地区

战败原因
项梁骄纵，轻视秦军，怠于防守

秦·陶俑
秦始皇的强兵健卒在秦二世的手中逐渐衰败，面对一路高歌猛进的反秦义军，秦军虽然偶有胜利，但最终依然避免不了惨败的命运。

薛城之会后几个月，项梁、项羽、司马龙且冒大雨攻击亢父（今山东济宁市南）。与此同时，章邯攻打临济，齐王田儋战死，其弟田荣在东阿（今山东东阿西南）被章邯的军队围困，田荣求救，项梁急速率军北上，大败章邯，解除了东阿之围。击破东阿后，项梁率军一路追击秦败军，派遣使者几次催促齐军，联合西进。齐军却不肯发兵帮助楚军。

项梁派遣项羽、刘邦攻占城阳（今山东菏泽东北），又向西进，在濮阳（今河南濮阳南）东大败秦军，秦军收拾残兵退入濮阳。

项羽、刘邦去攻打定陶，久攻不下，就离开定陶西进，一路攻城略地，进抵雍丘（今河南杞县），大败秦军，并斩杀了三川郡郡守李由，又回军攻打外黄（今河南民权境内）。同时，项梁挥师南下，在定陶击败了秦军。

直到此时，起义军屡战屡胜，这一切

秦·弩机

使得项梁轻视秦军，心骄气傲，渐渐显露出自满自足的神态。当时，宋义规谏项梁说："打了胜仗，将领们都骄傲起来，士卒都呈现出懒惰之色，一定会吃败仗。如今，秦兵却一天天增加，我为将军担心啊。"项梁没有听从宋义的劝告，却派遣宋义出使齐国。宋义路遇齐国使者高陵君显，说："在我看来，武信君的军队一定会战败。将军若是走慢点还可以免死，走快了就会赶上灾难。"

秦二世二年（前208年）九月，秦朝发动大量兵力赶来支援章邯，章邯以优势兵力在定陶设下埋伏，在一个夜晚冒着大雨突然发动袭击。由于项梁骄纵，没有采取加强防备的军事措施，来不及组织抵抗，军队被章邯军瞬间击溃，而项梁也在一片混战之中被杀身亡。

项梁的军队被章邯打败后，楚国上下都十分惶恐。项羽、刘邦听说项梁已死，就放弃攻打外黄，又去进攻陈留（今河南开封东南），陈留也没有攻下。项羽率军与吕臣的军队一起东撤，大军主动避开秦军主力，率军抵达彭城（今江苏徐州）。吕臣军驻扎在彭城东，项羽军守彭城西，刘邦军屯砀县（今安徽砀山南）。秦二世二年（前208年）十月，楚怀王迁都彭城，合并项羽、吕臣的军队，由自己亲自率领。任命吕臣为司徒，吕臣的父亲吕青为令尹。封刘邦为武安侯，任砀郡郡守，领砀郡兵；封项羽为长安侯，号为鲁公。

咏史诗·秦庭

楚国君臣草莽间，
吴王戈甲未东还。
包胥不动咸阳哭，
争得秦兵出武关。
——唐·胡曾

秦·石铠甲
西安市临潼区秦始皇陵园出土，现藏于陕西历史博物馆。

前208年—前207年

王召宋义与计事而大说之，因置以为上将军；项羽为鲁公，为次将，范增为末将，救赵。

——《史记·项羽本纪》

怀王遣将

随着战火的蔓延，楚军逐渐成为秦末农民起义军的主力，项梁的失败，导致反秦战争陷入低谷，更直接导致了巨鹿之围。在赵王的求救声中，楚国一马当先，首先扛起了北上救赵的大旗。楚军兵分两路，再一次承担起灭秦的大任。

事由
章邯、王离围困赵于巨鹿（今河北平乡西南）

北上时间
前207年

北上将领
宋义、项羽、范增

兵力
救赵军队5万人，西征军队不详

行军结果
项羽斩杀宋义，楚怀王封项羽为上将军

项羽雕像
在秦末的反秦义军中，若论勇猛，无人能敌楚霸王项羽，巨鹿之围之时，更是表现出其果敢勇猛的一面。

巨鹿之围

打败项梁的军队后，章邯认为楚地已经不足为忧，就领兵渡过黄河，北上攻打赵国。此时，曾经称赵王的武臣，已经为李良所杀，继之为王的是赵的后裔赵歇。赵歇称王后，驻扎在信都（今河北邢台），以张耳为国相，陈余为上将军。此时，赵王歇的政权还未稳定，就遭到秦军的猛烈攻击。

率先攻打赵王歇的，是秦国大将王离，王离是秦国名将王翦的孙子。王离和涉间、苏角的军队本来戍守在长城一线，乃秦精锐之师。此时，王离率军一路东进，经太原（今山西太原西南）、井陉（今河北井陉西北）向南行军，抵达信都后，大败赵军，赵王歇、上将军陈余、国相张耳仓皇逃到巨鹿。

王离、涉间率20余万大军包围巨鹿，巨鹿成了一座孤城。不久后，章邯率领20万大军抵达赵地。章邯接受赵

张耳斩余降信

"巨鹿之战"时,秦末魏国名士张耳与陈余还是"刎颈之交",但之后,两人却因猜疑反目成仇,张耳投靠刘邦为将。前204年秋,张耳将陈余砍杀于泜水上。图为明刻本《两汉开国中兴志传》中所绘。

将李良的投降,引兵进驻邯郸(今河北邯郸),在那里大肆驱赶居民,强迫他们迁徙至河内(今河南辉县、武陟一带),又捣毁城郭,毁坏邯郸的军事防御设施。

接着,章邯率军驻扎在巨鹿之南的棘原,下令修建甬道连接漳水,通达黄河,筑起两边有墙的甬道为王离的军队输送粮草等军需物资。王离的军队粮草充足,又有了章邯的后援,于是加紧了对巨鹿的攻打。而巨鹿城内粮食穷尽,兵员又少,寡不敌众。陈余在常山(今河北定州、石家庄一带)收集残兵几万人,驻扎在巨鹿之北,但是陈余自己忖度兵少,不能抵御秦军,不敢前进。赵歇、张耳困守巨鹿,只能向诸侯求救。他们数次派遣使者出使楚国,乞求楚国出兵救援。

遣将援赵

权衡利弊之后,楚怀王最终决定出兵救赵。先前宋义曾路遇的齐国使者高陵君显正在楚军中,他对楚怀王说:"宋义曾说武信君必定战败,果不其然。在战事未起之时,就能看出失败的征兆,这可以称得上很懂用兵之道。"楚怀王召见宋义商量军国大事,非常欣赏宋义。

秦·弩机
陕西西安市北关出土,现藏于陕西历史博物馆。

楚怀王命令宋义为上将军,各路将领都听从宋义的号令,称"卿子冠军",项羽为次将,范增为末将,北上救赵;同时,命令刘邦收集项梁、陈胜的散兵,西行伐秦,直捣关中。楚怀王与诸将约定:"先入定关中者王之。"

秦二世三年(前207年)十月,宋义率军北上,却惧怕秦军,军队抵达安阳(今河南安阳)后,就停止前进,滞留了46天,置赵之安危于不顾,坐观秦赵相斗。项羽一再催促急行,说:"现在秦军把赵王围困在巨鹿城,我军应该赶紧渡过黄河,与赵军里应外合,秦军必败。"宋义很不以为然,说:"并非如此。如今秦军攻打赵国,胜则士卒疲惫,我们可以趁他们疲惫时攻击;不胜,我们就西进伐秦,一定能够歼灭秦军。如果说披坚甲执锐兵上前线打仗,我不如你;坐而运策,将军不如我。"并下令不听命令和指挥的,一律斩杀。

宋义私自打通与齐的关节,派自己的儿子宋襄入齐为相,并亲自送行到无盐(今山东东平西南),置办宴席,大会宾客。当时正值十一月,天寒地冻,将士们一个个又冷又饿,情绪都有了波动。

对于宋义的这种行为,项羽愤怒

秦·彩绘变形凤鸟纹漆卮
云梦睡虎地11号墓出土,现藏于湖北省博物馆。

地对将士们说:"我们想齐心协力攻打秦军,宋义却迟迟不肯前进。如今正值荒年,百姓困苦,军中没有存粮,将士们只能吃芋菽,而宋义居然大办宴席,不领军从赵国取得粮食,合力攻秦,却说'趁他们疲惫攻击'。秦国强大,必定战胜赵国。赵国战败,秦国将更强大。楚军新近失败,楚怀王又将所有的军队粮饷交给上将军,国家安危,全系于此。可是上将军并不体恤士卒,却派子入齐为相,谋取私利,这不是社稷之臣。"

项羽趁着早晨去参见上将军宋义,在军帐前,斩下宋义的头颅,并向军中宣布说:"宋义与齐国勾结同谋,企图反楚,楚王密令我处死宋义。"将领们都畏惧项羽,谁也不敢抵抗,加之军中对宋义早有不满,如今项羽为他们泄恨,无不"慴服",都说:"是项将军家把楚国扶立起来,如今又是将军诛灭叛臣。"于是,将士们都拥立项羽为代理上将军。项羽派人追赶宋义之子,在齐国境内把他杀了。项羽又派遣桓楚向楚怀王报告。楚怀王无奈,只能任命项羽为上将军,令其统率救赵大军,当阳君黥布、蒲将军都归属项羽指挥。

秦始皇陵兵马俑一号坑军阵

秦始皇陵兵马俑是研究秦朝兵阵的地下宝库,也是世界上最大的地下军事博物馆。威武雄壮的兵马俑震惊了世人,但历史却用事实告诉我们,愿望是美好的,现实是残酷的,在项羽等起义军的打击下,秦军惨败,最终秦王朝灭亡。

前207年

项羽乃悉引兵渡河,皆沉船,破釜甑,烧庐舍,持三日粮,以示士卒必死,无一还心。

——《史记·项羽本纪》

巨鹿之战

这是秦末农民战争中规模最大的一次战役,项羽勇冠诸侯,破釜沉舟,以强大的意志力,全歼王离军,迫降章邯军,秦军主力彻底崩溃。在他的一令之下,20余万秦兵被坑杀,更是充分暴露了项羽的嗜血本性。

时间
秦二世三年(前207年)十二月

战场
巨鹿(今河北平乡西南)

参战方
以楚军为首的各路起义军
秦军

兵力对比
秦:40万
楚:5万
诸侯联军:数十万

主要指挥官
秦:章邯、王离、涉间
楚:项羽、英布、蒲将军

战争结果
全歼王离军,迫降章邯军,坑杀秦兵20余万

战争地位
秦军与各路起义军的总决战

巨鹿决战

秦二世三年(前207年)十二月,杀掉宋义的项羽,已经威震楚国,名扬诸侯。项羽首先派遣善于作战的当阳君黥布和蒲将军率军2万人渡过漳河,直奔巨鹿,突然袭击章邯运粮的甬道,以此断绝王离的粮草供给。当阳君黥布旗开得胜,但仍没有解除巨鹿之围,陈余再次请求援兵。

项羽统率全军渡过漳河,下令把船只全部弄沉,锅碗全部砸毁,烧掉庐舍,只带三天的军粮,以此向士卒表明三日破秦,决一死战、决不退还的决心。军队到达巨鹿后,迅速包围了缺少粮草的王离军,连续发动了9次攻击,大败秦军,俘获王离,诛杀苏角。涉间拒不投降楚军,放火自焚而死。章邯只能被迫引兵撤退。

项羽像
巨鹿之战,项羽破釜沉舟,以少胜多,在历史上留下不朽的亮点。

巨鹿大战场景
秦二世三年（前207年），项羽奉命北上巨鹿救赵，"乃悉引兵渡河，皆沉船，破釜甑，烧庐舍，持三日粮，以示士卒必死，无一还心"，楚军无不以一当十，呼声震天，九战九捷，大破秦军。

那个时候，楚兵强大，位于诸侯之首，前来救援巨鹿的燕、齐等各路军筑起十几座壁垒，却都不敢迎战秦军。等到项羽带领楚军发动进攻的时候，他们只能躲藏在壁垒里观望。楚军无不以一当十，英勇无比，杀声震天，诸侯军全都胆寒战栗，惴惴不安。大败秦军以后，项羽召见诸侯将领，进门时，无不跪着用膝盖行走，没有人敢抬头仰视。自此，项羽被推举为诸侯上将军，各路诸侯都听命于项羽。

全歼王离的军队之后，项羽将军队驻扎在漳河南，与驻扎在棘原的章邯军对峙。项羽率军猛烈攻打章邯，章邯的军队节节败退。

秦二世派人怒斥章邯，追究章邯的责任。章邯害怕，派遣长史司马欣到咸阳（今陕西西安西北），打算说明战况，请求支援。司马欣停留了3天，赵高却拒绝接见，并表现出不信任之心。司马欣只得秘密潜回军中，报告章邯说："赵高在朝中独揽大权，下面的人不可能有作为。打了胜仗，赵高就忌妒我们的军功；如若战败，我们也不免一死。希望将军好好合计一下。"

与此同时，陈余也趁机策反章邯，他写信给章邯说："白起、蒙恬都是秦国大将，却因为战功太多而被朝廷找借口杀死。如今形势危急，赵高是想杀掉将军来推卸责任。将军常年率兵在外，朝廷中对你的猜忌很多，有功无功都是死，现在天要亡秦，将军孤立在外，实在可悲！将军不如率兵抗秦，与诸侯联合，定下合约，共分秦地，各自为王。"章邯犹疑不决，秘密派遣使者到项羽那里，希望能够订立合约。合约没有谈成，项羽再次派遣蒲将军在漳河之南大败秦军，而自己则率全部军队在汙水（漳河支流）大败秦军。此时，章邯已经失去了反抗的能力，处境尴尬。无奈之下，章邯只能投降。

新安杀降

秦军大败后，章邯又派人来求见项羽，希望再次订立合约。项羽召集各路将军说："现在粮草不多，不如答应他们订立合约。"诸将一致同意。秦二世三年（前207年）七月，项羽和章邯约在洹水南岸的殷墟（今河南安阳西）上会见，接受了章邯及司马欣、董翳的投降。订完盟约，章邯禁不住流下眼泪，陈诉赵高的种种恶行。项羽封章邯为雍王，安置在项羽军中。又任命司马欣为上将军，统率秦军降兵并担任先锋。

项羽率军继续进攻关中，章邯的降军随行，部队到了新安（今河南渑池西）。项羽军队很多官兵以前被征徭役，在边塞戍守时曾被秦军官兵残暴对待过，十分无礼。等到秦军投降之后，诸侯军中很多人就借着胜利的优势，像奴隶一样对待降军，对秦兵随意侮辱。秦军官兵都忧愤交加，私下讨论："章将军骗我们投降诸侯的军队，入关灭秦倒也罢了；如果不能，秦朝廷必然会杀尽我们的父母妻儿。"诸侯军的将领们得知秦军官兵的讨论，就告知了项羽。

项羽秘密召集黥布、蒲将军商议说："秦军官兵很多，内心不服，如若到了关中不听指挥，事情必然危险，不如杀掉他们，只带着章邯、司马欣、都尉董翳攻秦。"于是，楚军于夜晚之时，将20余万秦军坑杀于新安城南。

项羽杀秦降兵
秦二世三年（前207年），项羽率军在巨鹿大破秦军主力，将20余万秦军降卒全部活埋。图为明刻本《新刻按鉴编集二十四帝通俗演义全汉志传》中项羽杀秦降兵图。

秦·石砚

砚汉朝以前被称为"研",是用来研磨墨汁的研磨工具,与笔、墨、纸合称中国传统的文房四宝,历史最久、存世量最大。战国至秦,多为石质,呈扁平圆形,一面磨平作为研面,蘸墨书于竹简之上。此砚于1975年出土于湖北云梦睡虎地4号秦墓。

前206年

阎乐曰："臣受命于丞相，为天下诛足下，足下虽多言，臣不敢报。"麾其兵进。二世自杀。

——《史记·秦始皇本纪》

胡亥自杀

诸侯率军向西行进，关中形势危急之时，赵高惶恐不安，终于按捺不住他的狼子野心，密谋造反，迫使秦二世自杀。秦二世昏庸无道，依仗小人，他才是让自己死无葬身之地的罪魁祸首。

时间
前206年

叛乱者
赵高、赵成、阎乐

计谋
阎乐扮成农民军攻打望夷宫，赵成为内应

结局
秦二世被逼自杀

自杀之地
望夷宫

陈胜起义之初，赵高曾经数次说"关东的盗贼成不了什么气候"，以此来欺骗秦二世。巨鹿之战，项羽大败秦军，俘虏王离，章邯上书请求增援不成，只能投降，秦军的主力损失殆尽。六国贵族纷纷自立为王，函谷关（今河南灵宝东北）以东，官吏都背叛了秦朝而响应诸侯，诸侯率兵合力西进。

秦二世派遣使者责问赵高："丞相不是说盗贼不成气候吗？怎么到了这个地步？"赵高听到后，感到不妙，他担心秦二世会加害自己，就谎称有病，不再上朝，私下里密谋趁乱夺位之事。他秘密召集自己的弟弟赵成和女婿阎乐商议对策，赵高说："皇上不听劝谏，导致形势危急，现在却要把罪名强加到我们身上。我打算另立天子，改立公子婴。子婴仁爱，百姓都会拥护他。"又制订弑君政变的计划，赵高则负责指挥全局。

秦青铜诏版
诏版高11.5厘米，宽13.4厘米，以小篆体刻秦始皇元年（前221年）统一度量衡的40字诏书，后又附秦二世元年（前209年）补刻的诏书。

一切安排妥当后，赵高命令赵成为内应，谎称有盗贼，又命令阎乐发兵追捕，致使宫内防守空虚。同时，阎乐指使亲兵，扮成农民军，劫持自己的母亲，并暗中送到赵高的家中。

阎乐带领1000多人抵达望夷宫殿门前，诛杀了卫令，带领士兵径直冲进望夷宫，边走边射，逢人就杀。郎官宦官都很惶恐，有的逃跑，有的抵抗，抵抗的全被杀死，被杀死的有几十个人。赵成与阎乐一道进入，并向秦二世的帷幄射箭。

秦二世非常愤怒，这时赵成和阎乐走进来，秦二世急忙召唤左右抵抗，左右的人都惊慌而逃跑。阎乐上前历数秦二世的罪状说："你骄横放纵，残害无辜，不讲道理，才导致天下背叛。"秦二世说："我要见丞相。"阎乐不允许。秦二世又说："我希望只做一个郡的王。"阎乐也不答应。秦二世又说："我希望做个万户侯。"阎乐还是不答应。秦二世又说："我愿意像诸公子一样，和妻儿去做平头百姓。"阎乐说："我奉丞相之命，为天下人诛杀你，你说再多也没用，我也不敢报告！"说完指挥士兵上前，秦二世无可奈何，在绝望中自杀。

秦·彩绘鸟云纹圆盒
木胎，子母扣。黑漆髹底，红、灰黑无光漆装饰盒身。1975年云梦睡虎地11号墓出土，现藏于湖北省云梦祥山博物馆。

秦始皇兵马俑一号坑（局部）

前206年

子婴立三月，沛公兵从武关入，至咸阳，群臣百官皆叛，不敌。子婴与妻子自系其颈以组，降轵道旁。

——《史记·李斯列传》

子婴被俘

子婴继位，但人心已散，天下分崩离析，秦王朝早已葬送在胡亥和赵高的手中。子婴仅仅当了46天的王，刘邦就率军到达了霸上。刘邦在关中约法三章，是他成就帝王霸业的一块重要的基石。

时间
前206年

在位君主
秦王子婴

在位时间
46天

投降对象
刘邦

历史影响
秦朝灭亡

诛杀赵高

秦二世自杀后，赵高立即召集大臣公子，宣布了诛杀秦二世的情况，他仰仗着自己也是嬴姓赵氏的血统，便准备登基为帝。但是文臣武官都低下头，不敢反抗，他本想走上殿去，但是感觉要坍塌一样，赵高这才发现群臣和将领们并不打算拥立自己，而上天也反对赵高为帝，所以不得不迎立子婴为帝。

赵高声称六国故地相继起事，秦已经失去了半个天下的统治权，他说："秦本来只是诸侯，秦始皇一统天下，故而称帝。现在，六国各自独立，秦国的地方也变得狭小，不能再像以前那样称帝，而只能称王。"赵高立子婴为秦王后，就让子婴斋戒，并传令子婴到宗

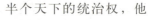

子婴献降彩塑

子婴即位5天便设计诛杀赵高，并把他的家人全部处死。《史记》指出赵高企图招引义军到咸阳及承诺杀死所有秦朝宗室，子婴得知后就先下手把赵高杀死。刘邦进入关中，子婴向刘邦军投降，秦朝正式灭亡。不久，项羽率军抵达关中，杀死子婴，并进行了大屠杀。

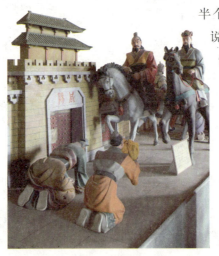

庙祭祀祖先，接受传国玉玺。

斋戒5天后，子婴召集他的两个儿子以及宦官韩谈，密谋诛杀赵高，说："丞相赵高在望夷宫杀害了秦二世，又害怕群臣将士再诛杀他，所以才假仁假义拥立我为秦王。我曾听说赵高曾经与楚国勾结，相约灭掉秦国的宗族后在关中称王。现在，赵高让我斋戒祭祀，是想在宗庙杀死我。我若称病不去，赵高必然亲自过来，那时候最适合杀掉赵高。"于是，子婴开始假装生病。赵高数次派人去请子婴接受玉玺，子婴都一概回绝，赵高果然亲自来到子婴所住的斋宫，正在责问子婴时，韩谈冲出，刺死了赵高，子婴立刻召集群臣进宫，历数赵高的罪状，下令诛灭赵高三族，并在咸阳（今陕西西安西北）城内示众。

赵高虽死，但是关东尽失，天下呈现土崩瓦解之势。此时，刘邦的军队离咸阳越来越近了。

> **大风歌**
>
> 大风起兮云飞扬，
> 威加海内兮归故乡，
> 安得猛士兮守四方。
>
> ——汉·刘邦

直捣关中

秦二世二年（前208年）九月，楚怀王曾与各路商定："先入关者王之。"然后，楚怀王派遣项羽北上救赵，而派遣刘邦率军西征攻秦。那个时候，秦军还很强大，起义军诸将皆不敢率先入关。只有项羽心怀仇恨，愿意和刘邦一起西进入关。楚怀王却认为，项羽剽悍猾贼，刘邦宽大仁义，关中的父老苦秦久矣，应该让刘邦率军西征，先行入关。

刘邦一路上收集陈胜、项梁的散兵，向西直

陕西汉中石门栈道景区刘邦、韩信、张良雕塑

汉高祖入关图
传为南宋赵伯驹所绘，现藏于美国波士顿博物馆。表现出汉高祖兵临潼关，再到宫女受降的历史过程，中间穿插山中的樵夫、树下牧马的老兵，以及在刘邦咸阳宫殿中正在处置被掳的宫女等细节。

奔关中。刘邦由彭城（今江苏徐州）至砀县（今安徽砀山南），向西北进军，抵达城阳（今山东菏泽东北）及其杠里，开始进攻秦军的壁垒，大破秦军。十月，刘邦又在成武（今山东成武）再破秦东郡尉。接着，刘邦引兵至栗（今江苏沛县境内），路遇刚武侯（一作刚侯武），收纳他的军队4000余人，又收编魏国大将皇欣、武满的军队，合力攻打秦军。

秦二世三年（前207年）二月，刘邦攻打昌邑（今山东金乡县西），与彭越的起义军相会合。向西抵达高阳（今河南杞县西），遇到高阳里门监郦食其，他建议刘邦袭击陈留（今河南开封东南），刘邦听从他的建议，发兵占领陈留，得到秦的大批粮草，又得到了郦食其之弟郦商的部队4000余人。为了嘉奖郦氏兄弟，鼓舞士气，刘邦封郦食其为广野君、郦商为大将，统率陈留的军队，与他一起攻打开封（今河南开封市）。开封久攻不下，刘邦随即北上，在白马（今河南濮阳西南）大败秦将杨熊的军队，又在曲遇（今河南中牟县境内）再次击破杨熊军。

大败杨熊后，刘邦开始转战西南。刘邦先攻打颖阳（一作颖川，今河南禹县南），占领颖川后屠城，一举消灭守城的顽固势力。又合并张良、韩王成的兵力，攻打辕辕（今河南登封西北）、阳翟（今河南禹县）等地，连下十多座城池。接着刘邦与张良一道从辕辕南下，途经阳城（今河南登封东南），一路向南阳挺进。

秦二世三年（前207年）六月，刘邦于南阳郡的犨县（今河南叶县）大败秦军，乘胜追击，直抵南阳郡治所宛城（今河南南阳市），攻城不下。刘邦急切入关，就绕过宛城，引兵径直向西行进。张良劝谏刘邦说："现在秦军还很强大，一旦宛城军队从后面追击，强秦在前，我军必然陷入前后夹击、腹背受敌的危险之中。"刘邦听后，立刻命令军队连夜改从其他道路迅速折回，并迅速包围宛城。南阳的郡守看到破城在即，感到绝望，便想自杀。这时，担任舍人的陈恢劝阻了他，并逾城去见刘邦，希望能够止攻约降。七月，刘邦接受南阳郡守的投降。从此，刘邦引兵向西，没有攻打不下的。

刘邦抵达丹水（今河南淅川西），戚鳃、王陵率部归附，秦的西陵守军也被招降。刘邦在攻打胡阳（今河南唐河西南）时，会合了番君别将梅鋗的部队，并联合攻打析（今河南西峡）、郦（今河南南召南），析、郦的秦守军也逐渐投降。八月，刘邦乘胜西进，一举攻克武关（今陕西丹凤东南），于是，秦关中的最后一道要塞被攻破了。

刘邦西征，屡战屡胜，项羽消灭王离、章邯的秦军后，也加紧向西进军。

赵高立子婴为秦王后，派遣使者与刘邦联系，希望约定在关中封王，刘邦没有答应。此时，刘邦的十万起义大军已逼近咸阳不远的峣关（今陕西蓝田东南），夺取整个关中已经指日可待。子婴杀掉赵高后，派军队加强对峣关的防守，企图阻挡刘邦的进攻。刘邦采纳张良的建议，一方面在峣关布置重重疑兵，多竖旗帜，迷惑秦军，制造包围峣关的假象；另一方面又派郦食其、陆贾说以利害，利诱秦军守将，劝说他们答

古汉台望江楼
位于陕西汉中的古汉台是汉刘邦驻汉中宫廷遗址，现为汉中博物馆。

应投降，放松戒备。命令诸将士兵，不可掳掠。刘邦趁着秦军懈怠，率兵绕过峣关，从后面反击秦军，在蓝田（今陕西蓝田西南）南大破秦军。紧接着攻打蓝田，秦军再次大败。刘邦乘胜追击，秦军全线溃败。至此，秦军最后主力被消灭，咸阳成为一座孤城。得知刘邦的楚军已至咸阳（今陕西西安西北），群臣百官都不去上朝，背叛了秦。

秦二世四年（前206年）十月，刘邦率军进驻霸上（今陕西西安东南），向秦王子婴发出了最后通牒，劝他投降。秦王子婴刚刚即位46天，已经无法进行抵抗，只能带领妻儿们，驾着白车白马，用绳子系住脖子，封好皇帝的玉玺和符节，亲自到枳道亭（今陕西西安境内）的路边向刘邦投降。自此，秦朝灭亡。

有很多将领劝说刘邦杀掉秦王子婴。刘邦说："当初，楚怀王派我们攻打关中，因为我们宽厚待人；再说秦王已经投降，又杀掉他，这样做不吉利。"随后把子婴交给主管的官吏，向西进入咸阳。

当时，秦廷内宫的帷帐、狗马、重宝、美女不可胜数，刘邦好酒色，想在秦宫驻留，樊哙、张良先后劝阻了他，说："这些奢华的宫殿、美女、宝物是秦朝无道而灭亡的证据，如果住下去，无异于助纣为虐，沛公想要得到天下，就不能在秦宫停留。"刘邦这才下令把秦宫中的贵重财物和咸阳库府都一一封存，退居霸上。

约法三章

刘邦入关之后，发布了很多安抚的政策，宽厚刑法。刘邦召集有才德有名望的人和各县的百姓，宣布："大家苦于秦朝的苛政法令已经很久了，议论朝廷得失就灭族，相聚谈话就处以极刑。我和诸侯们约定，谁先入关中就作为关中王。现在我和大家约定，法律只有三条：杀人者处死刑，伤人及盗掠者要依法治罪。其余秦朝的法律全部废除。所有的官吏和百姓像往常一样，安居乐业。我把军队退回来驻扎在霸上，是等待各路诸侯到来，共同制定一个规约。"然后，刘邦就派人和秦朝的官吏一起到各县乡村去巡视，向民众说明情况。秦地的百姓很高兴，纷纷送来牛肉酒食，慰劳士兵。刘邦推让不肯接受，说："仓库粮食不少，大家不必破费。"人们更加喜悦，唯恐刘邦不在关中称秦王。

有人游说刘邦说："关中比其他地方都要富足，形势险要。如今章邯已经投降项羽，被封为雍王。沛公应该赶快派兵守住函谷关（今河南灵宝东北），而在关中扩充兵力，抵抗诸侯。"刘邦深以为然，就占据了关中。

汉高祖刘邦石刻雕塑
图为宝成高速公路陕西省秦岭1号隧道口华夏龙脉大型群雕中的刘邦雕像，此像将汉高祖刘邦的气势表现得淋漓尽致。

> 前206年

项庄拔剑起舞,项伯亦拔剑起舞,常以身翼蔽沛公,庄不得击。

——《史记·项羽本纪》

鸿门宴会

这是项羽与刘邦最剑拔弩张的时刻,因为项羽的一念之仁,刘邦侥幸逃脱。鸿门宴和解之后,正如范增预言的那样,"夺项王天下者,必沛公也"。

时间
前206年

地点
鸿门(今陕西临潼东北)

缘由
刘邦左司马曹无伤告密

双方兵力
项羽:40万
刘邦:10万

结局
刘邦潜逃,双方和解

秦二世四年(前206年)十一月,项羽率领军队抵达函谷关(今河南灵宝东北),这个时候,刘邦以掌握关中而自居,早已派兵守住了函谷关关口。项羽又听说刘邦已经攻下咸阳(今陕西西安西北),十分震怒,派遣当阳君黥布攻占函谷关。项羽率领40万军队抵达戏(今陕西临潼境内)之西,驻扎在新丰鸿门,号称百万之师。刘邦率领10万军队,号称20万,驻扎在霸上(今陕西西安东南)。

刘邦的左司马曹无伤听说项羽打算攻打刘邦,就派人向项羽告密说:"沛公打算在关中称王,而以子婴为相。秦宫的珍宝尽皆占有。"项羽听说后十分震怒,计划次日就攻击刘邦。范增对项羽说:"沛公在崤山以东的时候,贪财好色。现在入了关,财物不取,美女也不亲近,沛公的志气不小啊!我派人观望沛公那边的云气,都是龙虎之状,呈

清人绘·范增像
范增(前277年—前204年),战国后期至秦末居巢(今安徽巢湖亚父街道)人,西楚霸王项羽首席谋臣。项梁反秦起义时,范增曾劝项梁立楚怀王后裔为王,一直在项羽身边任参谋,被其尊称为"亚父",极受尊崇。但最终因陈平之离间计而失去项羽的信任,离开楚军。

现出五彩之色,这是天子的征兆啊,将军应该加紧进攻,不要迟疑,勿失时机啊!"

楚国的左尹项伯,是项羽的叔父,一向和张良交好。项伯连夜赶去会见张良,把事情全都告诉了张良,并希望张良和他一起离开。张良说:"我是韩王派来护送沛公的,如今沛公情况危急,我岂能弃之不顾,不仁不义!"于是,张良进入军帐,把事情全告诉了刘邦。刘邦大为吃惊,忙询问对策,张良说:"让我告诉项伯,就说沛公不敢背叛项王。"随后,张良向刘邦引荐了项伯。刘邦捧起酒杯,向项伯祝寿献酒,又定下了儿女亲事。刘邦说:"我进驻函谷关以后,秋毫无犯,登记官员及百姓的户口,查封各类仓库,为的是等待项将军的到来。我派军守关,是为了防备盗贼窜入,导致变故。我日夜盼着项将军到来,哪敢谋反?希望您如实转告项将军,我绝不忘恩负义。"项伯听信了刘邦的话,并嘱托刘邦

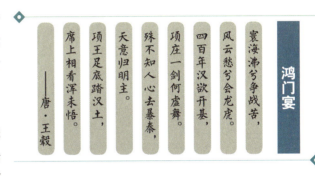

鸿门宴

寰海沸兮争战苦,
风云愁兮会龙虎。
四百年汉欲开基,
项庄一剑何虚舞。
殊不知人心去暴秦,
天意归明主。
项王足底踏汉土,
席上相看浑未悟。
——唐·王毂

鸿门宴壁画(局部)
展现历史上楚汉之争时最有名的鸿门宴的壁画,人物从左至右分别为项庄、范增、张良。

张良

张良（约前250年—前186年），字子房，封为留侯，谥号文成，颍川城父（今安徽亳州）人。张良是汉高祖刘邦的谋臣，汉朝的开国元勋之一，与萧何、韩信同为汉初三杰。

说："明天早点来向项王拜谢道歉。"

项伯又连夜离开，赶回鸿门，把刘邦的话告诉了项羽，接着又说："如若不是沛公先攻破关中，将军怎么敢进关呢？现在见沛公有大功而要攻打，这不符合道义，不如好好对待他。"项羽就答应了。

次日，刘邦带着张良、樊哙等百余侍从人马，到鸿门向项羽赔罪道歉。刘邦解释说："我和将军合力攻打秦国，将军在河北作战，我在河南作战。最后没有想到我先入关破秦，能够在这儿见到将军。现在有小人说了坏话，才使得将军与我产生了误会。"项羽说："是你的左司马曹无伤说的。"

项羽当日设宴款待刘邦。项羽、项伯朝东而坐，范增朝南而坐，沛公朝北而坐，张良面朝西陪侍。席间，范增一再暗示项羽击杀刘邦，几次举起玉玦向项羽示意，项羽只是默然，没有反应。范增起身出去，叫来项庄，对他说："项王为人心软，你进去献酒，然后请求舞剑，趁机刺杀沛公。"项庄祝酒完毕，请求舞剑为乐，随即拔剑而舞。

看到项庄舞剑，项伯也拔剑起舞，项庄多次想刺杀刘邦，而项伯常以身体掩护刘邦，项庄无法刺到刘邦。

见事急迫，张良赶至军门，召见樊哙。张良说："现在形势很危急，项庄舞剑，一直想刺杀沛公。"樊哙听后，带着宝剑，拿起盾牌，直闯军门。交叉持戟的卫士也抵挡不住，樊哙拿着盾牌往前一撞，卫士纷纷倒地。樊哙闯入军门，他怒目圆睁，瞋视项羽，头发都根根竖起，眼角都快睁裂了。项羽紧握宝剑，命令赐给樊哙酒肉，樊哙拔出宝剑，边切边吃。樊哙陈述说："秦王有虎狼之心，杀人无数，唯恐杀之不尽；给人加刑，唯恐用刑不尽，天下都背叛了秦。楚怀王曾经与诸侯约定'先入关中者王之'，现在沛公击败秦军进入咸阳，毫发未动，将秦宫全部封闭，接着又把军队撤回霸上，等待大王的到来。还特地派遣将士守卫函谷关，是为了防备盗贼和其他的变故。这样的劳苦功高，没有得到封侯的赏赐，大王反而听信谗言，要杀有功之人。这是秦灭亡的延续，我认为大王不应该这样做。"项羽无言以对，就令樊哙挨着张良而坐。不一会儿，刘邦借口去厕所，并召张良和樊哙一起出去。

刘邦打算逃跑，又怕因为没有向项羽告辞而获罪。樊哙说："干大事的人，不必顾忌小的礼节，讲大礼的人不必躲避小的责备。现在人家好比刀子和砧板，我们却好比鱼肉，还用得着告辞？"

于是，刘邦一行人，打算从小道返回霸上，而留下张良向项羽道歉，赠送礼品。鸿门相距霸上只有40里，刘邦着急，就扔下车马、随从，他自己一个人骑马在前，樊哙、夏侯婴、靳强、纪信四人尾随其后，抄小路而行。

估计刘邦一行离开鸿门，回到军营后，张良就去道歉，说："沛公酒量不行，不能亲自前来跟大王告辞。谨呈上白璧一双，献给大王；玉斗一对，献给大将军。"听到刘邦已经离开，范增十分愤怒，他将进献给他的玉斗扔在地上，拔剑将其击碎，说："我没法与这帮人共谋大事，夺取项王天下的人，必然是沛公了，我们都将成为俘虏。"刘邦回到军营后，立即诛杀了曹无伤。

鸿门宴
中国著名工笔重彩人物画大师刘凌沧所绘，生动地展现了在紧张的宴会气氛中不同人物的表情。

> 前206年

乃分天下，立诸将为侯王。

——《史记·项羽本纪》

项王分封

秦灭亡后，项羽在戏下分封了诸侯王，而自立为西楚霸王。为了防止刘邦东进，他将贫瘠的巴蜀封给刘邦。这场看似轰轰烈烈的分封，不但不能收拾割据局面，却因为利益分配不均，埋藏着种种隐患。

时间
前206年

分封主持者
项羽

自封
西楚霸王

建都
彭城（今江苏徐州）

关内诸侯王
汉中王刘邦、雍王章邯、塞王司马欣、翟王董翳

关东诸侯王数量
14个

其他受封者
义帝、陈余、梅鋗

项羽入关

鸿门宴几天以后，项羽率军西进，进入咸阳（今陕西西安西北）后大肆屠杀，他杀掉秦降王子婴以及秦的公子、宗室，又放火烧掉宫殿，大火连续燃烧三个月都不熄灭。项羽还大肆劫掠秦朝的珍宝财物、妇女儿童，然后回军戏下（今陕西临潼境内）。秦朝的官民都对项羽大失所望，又不敢不屈服于项羽。

曾经有人劝项羽："关中这个地方，山河为屏障，四方有要塞，土地富庶，可以成就霸业。"项羽看到秦朝宫室残破不堪，又思念家乡，就说：

项羽火烧阿房宫壁画

项羽掘秦王墓
明刻本《新刻按鉴编集二十四帝通俗演义全汉志传》插图。项羽率军入咸阳后,杀秦王子婴,掘秦始皇墓,火烧秦宫三月不灭,所有财宝被洗劫一空。

"富贵不回故乡,就好似穿了锦绣在黑夜行走,谁又知道呢?"那个劝项王的人说:"人们都说楚国人像是戴了帽子的猕猴,果真如此。"项羽听后,就烹杀了那个劝谏的人。

戏下分封

项羽派人向楚怀王汇报破关入秦的情况。楚怀王说:"就按照约定办。"项羽怨恨楚怀王不让其与刘邦一起入关,而让他北上救赵,而至落后,十分震怒,不遵从楚怀王的命令,然后,项羽赐给楚怀王一个徒有虚名的尊贵称号——"义帝"。

项羽计划自己称王,就先分封手下的将领为诸侯王,并且宣布:"起义之初,立诸侯的后代为王,目的是讨伐秦军。现在,身披铠甲,带头起兵,暴露山野之间,在外三年,一举灭亡秦朝、平定天下的,皆为各位将相和我的力量。义帝虽然没有什么功劳,但是让他做王,封给土地,那也是应该的。"各位将领都表示赞同。

于是,项羽就分封天下,立各位将领为诸侯王。项羽、范增不希望刘邦占据富庶肥沃、形势险要的关中,更担心刘邦会据有天下。鸿门宴已经和解了,项羽也不愿意违背当初的约定,怕诸侯王背叛,于是就暗中密谋:"巴(郡治江州,今重庆北、嘉陵江北岸)和蜀(郡治成都,今四川成都)两个郡道路极为险要,秦朝流放的人都迁居蜀地。而巴蜀也可以称得

西楚霸王项羽
项羽是秦末起义军中最有希望得到天下的人,但其先是放走刘邦,再次又刚愎自用,失去民心,失败也渐渐成了必然。

上是关中的辖区。"于是，就封刘邦为汉王，统治巴、蜀、汉中地区，在南郑（今陕西汉中）建都。

接着，项羽又把关中一分为三，封秦朝三位投降的大将为王，合称"三秦"，意图阻拦刘邦东进的出路。项王立章邯为雍王，辖咸阳以西，在废丘建都；立长史司马欣为塞王，驻守咸阳以东至黄河的地区，在栎阳建都；立董翳为翟王，进驻上郡，在高奴建都。

项羽把关东的地区分封为14个王国。立魏王豹为西魏王，驻守河东，在平阳建都。瑕丘申阳，本来是张耳的大臣，首先攻占河南郡，又在黄河岸边迎接楚军，故而立申阳为河南王，在洛阳建都。韩王成仍然居住在旧都，在阳翟（今河南禹县）建都。赵国的大将司马卬曾平定河内，战功卓著，所以立司马卬为殷王，驻守河内，在朝歌建都。立赵王歇为代王。赵国的丞相张耳贤能，曾随项羽一起入关，所以立张耳为常山王，驻守赵地，在襄国建都。当阳君黥布本来是楚国的大将，在楚军中，黥布的战功当属第一，所以立黥布为九江王，在六县建都。鄱君吴芮曾率领百越将士襄助诸侯，又跟随项羽入关，所以立吴芮为衡山王，在邾县建都。楚怀王的柱国共敖曾率兵攻占南郡，军功较多，所以立共敖为临江王，在江陵建都。改立原燕王韩广为辽东王。燕国的大将臧荼曾跟随楚军救赵，尔后随军入关，所以立臧荼为燕王，在蓟县建都。改立齐王田市为胶东王。齐国的大将田都曾跟随楚军一起北上救赵，尔后又随军入关，所以

河南三门峡灵宝县函谷关景区城门
函关谷始建于春秋战国，是东去洛阳，西达长安的咽喉，自古为兵家必争之地。

立田都为齐王，在临菑建都。当年被秦灭掉的齐王建的孙子田安，曾在项羽渡河救赵之时，攻下济水之北很多城池，接着率领军队投降项羽，所以立田安为济北王，在博阳建都。田荣多次背叛项梁，又不愿意跟随楚军伐秦，所以不予分封。成安君陈余曾与张耳发生矛盾，竟然抛弃将印离去，又没有跟随项羽入关，可是他向来贤能，又曾在赵国立功，项羽知道他在南皮，所以把南皮附近的3个县分封给陈余。梅鋗原是番君吴芮的部将，战功很多，所以封梅鋗10万户侯。项羽自封为西楚霸王，统辖9个郡，在彭城（今江苏徐州）建都。

秦二世四年（前206年）四月，诸侯都已经分封完毕，在戏下罢兵，各自前往封地。项羽出了函谷关，来到自己的封地，接着就派遣使者通知义帝迁都，说："古代的帝王拥有的土地纵横千里，并且一定会居住在河流的上游。"就让使者把义帝迁徙至长沙郴县。使者催促义帝尽快迁都，左右群臣都背叛义帝，项羽秘密派遣衡山王、临江王在大江之中截杀义帝。韩王成因为没有建立军功，项羽不让他去自己的封地，而带他一起抵达彭城，又废韩王成为侯，不久就杀掉了他。臧荼到了封地，驱逐韩广，韩广不从，臧荼就在无终杀了他，并把他的封地占为己有。

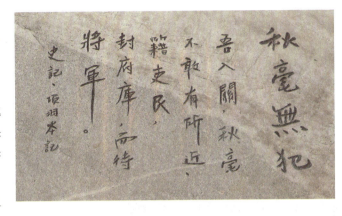

《史记·项羽本纪》中的语录"秋毫无犯"
图为陕西韩城司马迁祠风景区十二本纪景观园中的"秋毫无犯"语录，也是鸿门宴上刘邦手下大将樊哙所言，更是刘邦最终击败项羽的关键。

秦·竹简（日书）

神秘的天下第一宫

秦朝咸阳宫一号宫殿考古遗址模型

建筑考古学家杨鸿勋所作的秦朝咸阳宫一号宫殿复原模型

秦灭六国而统一天下，与始皇帝的威名一起流传百世的，除了被誉为"世界八大奇迹"之一的秦始皇陵，还有恢宏奢华的阿房宫。

《史记·秦始皇本纪》载："始皇以为咸阳人多，先王之宫廷小。吾闻周文王都丰，武王都镐。丰、镐之间，帝王之都也。乃营作朝宫渭南上林苑中。"阿房宫虽然只是上林苑宫殿群的一部分，却是其中的精华所在。

阿房宫始建于秦始皇十年（前212年），"先做前殿阿房，东西五百步，南北五十丈，上可以坐万人，下可以建五丈旗"，但是，阿房宫的建造历程却并不顺利。秦始皇征集70余万隐宫徒刑者，分批建设秦始皇陵和阿房宫。秦始皇十二年（前210年），秦始皇驾崩而葬于骊山，阿房宫被迫停工，所有刑徒调往骊山。七个月后，秦二世才从陵墓工程中抽调人力继续修建阿房宫。秦二

文徵明书《阿房宫赋》

《阿房宫赋》是唐代文学家杜牧创作的一篇借古讽今的赋体散文。杜牧通过描写阿房宫的兴建及其毁灭，生动形象地总结了秦朝统治者骄奢亡国的历史经验，向唐朝统治者发出了警告。明代书法大家文徵明将其抄录，更使这篇散文既有历史意义，又有艺术价值。

世元年（前209年）七月，农民起义爆发，义兵四起，阿房宫已经无法按部就班地施工了，直到秦二世被逼自杀，阿房宫才真正完全停工。

阿房宫最终没能建成，但是，其附属建筑"阿城"等仍旧留存了很长时间。

汉初，经济凋敝，无法继续阿房宫的修建。汉武帝时，上林苑营建又得到重视，阿房宫多次被作为屯兵之处。唐初，李世民曾屯兵于阿房宫。据历史记载，及至唐代，阿房宫三面有墙的格局仍保存完好。至迟到宋，阿房宫被夷为农田。

从现存的宫殿遗址来看，阿房宫在今陕西西安西郊三桥镇以南，东起巨家庄，西至古城村，留存下来的面积达60万平方米。主体建筑包括了前殿、磁石门、上天台、祭地坛等。1992年，联合国教科文组织对阿房宫进行了系统的调研和考察，确认阿房宫遗址的建筑规模以及保存完整程度在世界古建筑中名

陕西西安仿建的阿房宫

列第一，阿房宫是当之无愧的"世界奇迹""天下第一宫"。

阿房宫是秦代宫殿、苑囿建筑的标志和代表，集中体现出秦代宫殿建筑"非壮丽无以重威"的特点。阿房宫记载着中国历史中的一段传奇，更承载着华夏文明的辉煌记忆。

阿房宫图

> 前206年

于是田荣乃自立为齐王，尽并三齐之地。

——《史记·田儋列传》

田荣反楚

因为分封不均，田荣首先起兵反楚，他很快兼并三齐，又很快在项羽的铁骑下败退。然而，项羽东征齐国之机，刘邦已经蠢蠢欲动，等待着还定三秦的最佳战机。

反抗者
田荣、陈余、田横

时间
前206年

战场
城阳（今山东菏泽东北）

镇压者
项羽

战果
平原人杀田荣，投降项羽；项羽大肆屠杀，田横又反楚

项羽裂土封侯，而齐相田荣因为当初有负项梁，未跟从项羽入关而未得到分封，他听说项羽改立田市为胶东王，立齐国的大将田都为齐王，立田安为济北王，对项羽三分齐地感到非常不满，愤怒之至，他不肯把原来的齐王迁往胶东，并趁势要挟齐国反抗楚国。

前206年五月，田荣攻打临淄王田都，田都潜逃至楚国，投奔项羽。田市本来被封为胶东王，田荣却不让他去胶东就国，田市害怕项羽，就偷偷向胶东逃去，前往就国，田荣大怒，派兵在即墨（今山东即墨）杀掉了田市，接着田荣自立为齐王，并回军攻打济北王田安，兼并三齐。

田荣授予彭越将军印绶，命令他去梁地攻打楚国。项羽派遣萧公角迎战彭越，却被打得大败而回。

前206年十一月，赵国的大将陈余不满项羽的分封，于是派遣张同、夏说游说田荣说："项羽现在主持天下的大事，却很不公道。他把以前的诸侯王都分封在贫瘠的地方，而把自己的大臣将领都分封在富庶的地方，他驱逐了原来的赵王，而让其向北迁徙到代地，这样是不合适的。听说大王已经起兵反楚，重信重义，希望大王能

秦·即墨太守印
即墨在春秋战国时期就是齐国通商名衢，秦代置县，汉初成为胶东政治、经济、文化中心。

田横五百壮士
中国现代名画家徐悲鸿绘，现藏于徐悲鸿纪念馆。本画描绘田横手下忠心的500名战士为他送行的情景。刘邦听说田横深得人心，派使者赦田横的罪，召他回来。田横为了保住众人的性命，只带了两个人来见刘邦，但在离京三十里的地方自刎身亡。部下听说田横死了，也都赴海自尽。

够支援我兵力，让我去攻打常山（今河北定州、石家庄一带），以收复赵王原有的土地。我可以用我们的国家作为齐国的屏障。"田荣深以为然，就借兵给了陈余。陈余发动自己的三县兵力，与齐军一起攻打常山王张耳，张耳大败，归附了汉王刘邦。随后，陈余重新拥立代王赵歇为赵王，赵歇非常感激，就封陈余为代王，陈余借口赵歇刚刚复国，还很弱小，不肯去代地就国，而以夏说为相国驻守代地，自己则留在赵国辅佐赵歇。

赵国、齐国、梁地都反叛，而项羽认为，齐国与梁最近，威胁最大，发兵北上攻打齐国。项羽命令九江王黥布调兵遣将，而黥布只派遣一个将领、几千个士兵前去，项羽因此生恨。

西楚霸王二年（前205年）冬，项羽率军抵达城阳，田荣率军迎战，却被项羽大败。田荣仓皇逃到平原（今山东平原南），平原的民众却杀了田荣，投降项羽，项羽随即立田假为齐王。但是，项羽不但不招抚齐军，反而因为田荣造反而愤怒，并且迁怒于齐人，他摧毁齐国的城郭，坑杀田荣全部的降兵，俘虏齐国的老弱妇女，一直打到北海。项羽在齐国大肆屠杀，所过之处，尽皆焚毁。

于是，齐国又纷纷叛乱，项羽在齐国打来打去，却不能平定齐国的叛乱。田荣的弟弟田横驱逐了田假，拥立田荣之子田广为齐王，自己领齐国丞相，然后收集齐国的残兵几万人，在城阳抵御项羽，项羽对城阳久攻不下。

> 前206年

八月,汉王用韩信之计,从故道还,袭雍王章邯。邯迎击汉陈仓,雍兵败,还走;止战好畤,又复败,走废丘。汉王遂定雍地。东至咸阳,引兵围雍王废丘,而遣诸将略定陇西、北地、上郡。

——《史记·高祖本纪》

汉王定秦

汉中王刘邦在张良、萧何、韩信的辅佐下,韬光养晦,趁着田荣反楚之际,一举拿下关中。还定三秦,占领关中,是他与项羽争夺天下的重要一步。

时间
前206年

入关指挥官
刘邦、韩信

参战方
汉王刘邦、雍王章邯、塞王司马欣、翟王董翳

相关典故
明修栈道,暗度陈仓

战争结果
刘邦占领关中

汉中韬晦

刘邦被改封为汉王,很是恼怒,刚开始的时候,刘邦不想就国,而谋划着攻打项羽,萧何进言说:"汉水对应上天的银河,汉中,形势险要,进可攻退可守,秦朝以此为据,才拥有天下。"刘邦采取了萧何的建议,屈就"汉王"的封号,招贤纳士,以图谋天下,同时,确定了收取巴(郡治江州,今重庆北嘉陵江北岸)、蜀(郡治成都,今四川成都),还定三秦,向东争天下的方略。

汉王刘邦元年(前206年)四月,刘邦前往汉中(郡治南郑)就国,而在此时,张良也返回韩国就任韩国的丞相。项羽也开始班师回彭城(今江苏徐州)。

萧何像

萧何(前257年—前193年),沛丰人,早年任秦沛县县吏,秦末辅佐刘邦起义。攻克咸阳后,他接收了秦丞相、御史府所藏的律令、图书,掌握了全国的山川险要、郡县户口,对日后制定政策和取得楚汉战争胜利起了重要作用。楚汉战争时,他留守关中,使关中成为汉军的巩固后方,不断地输送士卒粮饷支援作战,对刘邦战胜项羽,建立汉朝起了重要作用。

在前往汉中的途中，刘邦率领项羽分拨给他的3万军队，以及楚国和诸侯仰慕跟从的数万人从杜南入蚀中通道，军队通过以后，刘邦就依张良和计策，烧毁所有经过的栈道，以此防止诸侯的军队偷袭，更向项羽表示没有东出的意图，麻痹项羽。到达汉中之后，士卒都思念家乡，想着东归，部下很多将士逃亡。

以前项羽帐下的执戟郎中韩信因为不被项羽重用而弃楚归汉。由于韩信没有名气，做了管理仓库的小官。后来因为犯法，应当处斩，同案的13个人都已经被处斩，韩信举目仰视，看到了滕公夏侯婴，说："汉王不打算得天下吗？为什么还要杀掉壮士？"夏侯婴觉得此人话语不同凡响，观其相貌威武，就放了他。与他交谈，才知道韩信的才能，遂向刘邦举荐韩信。刘邦没有发现韩信与众不同的地方，就拜韩信为治粟都尉，这只是一个管理粮饷的官职。韩信多次和萧何交谈，萧何也十分赏识韩信。韩信揣测萧何等人已经多次在刘邦的面前举荐过自己，刘邦却不任用，就打算离去。萧何听说韩信逃走，来不及向刘邦报告就连夜去追赶韩信。军中有人向刘邦报告萧何逃走了，刘邦大怒。

隔了一两天，萧何回来面见刘邦，刘邦又喜又恼，骂着说："你为什么逃跑？"萧何答道："我没有逃跑，而是去追逃跑的韩信。"刘邦又骂道："军队中跑掉了好几十个将领，你都不去追，倒是去追韩信，你在说谎。"萧何说："那些将领是容易得到的，而像韩信这样的人才，普天下也找不到第二

刘邦塑像

留下来。"刘邦无奈，只能答应让韩信做大将军。当下，刘邦就想叫韩信来拜将。萧何说："大王一向对韩信傲慢无礼，现在任命大将军，却像呼唤小孩子一样，韩信还是会离去。大王如果有诚意，就应该挑选时间，自己事先斋戒，然后搭起一座高坛，按照任命大将军的仪式办理。"刘邦答应了。军官们都听说要立大将军，个个暗自高兴，人人都以为自己会被任命为大将军，等到举行仪式的时候，才知道是韩信被任命为大将军，全军上下一片愕然。

五月，韩信就任汉军大将军。韩信问刘邦："现在向东边发展的话，跟大王争夺天下的，难道不是项王吗？大王自己估算一下，论兵力的英勇、强悍、精良，与项羽比怎么样？"刘邦认为不如项羽。韩信又说："我曾经侍奉过项王，项王只有匹夫之勇，虽然独霸天下而使诸侯称臣，却放弃关中，又违背与义帝的约定，名义上，项羽是天下人的领袖，实际上，项羽已经失去民心。三秦的封王章邯、董翳、司马欣本来是秦国的大将，率领秦国的士兵很多年，战死的和逃亡的不计其数，在新安，项羽用欺诈的手段坑杀秦国的降兵20余万人，只有章邯、董翳、司马欣幸免，秦人对这三个人恨之入骨。大王入武关的时候，秋毫无犯，约法三章，秦国的百姓都想拥戴大王为关中王，根据当初诸侯的约定，大王也理应在关中称王，关中的百姓都是知道的。现在大王失去应有的爵位而被分封在汉中，秦地

汉初三杰图轴
张良、萧何、韩信三人，助汉王刘邦与项羽争夺天下，也因此青史留名。图为清代画家苏六朋所绘汉初三杰图轴。

个来。大王如果只想做汉中王，可能用不上他；如若大王想争夺天下，只有韩信是可商量大计的人。大王如果决定打回东方去，重用韩信，他就会留下来，假如还不重用他，他还是会逃跑。"刘邦决定拜韩信为将军，萧何反驳说："假如只是让他做将军，韩信还是不会

咏汉高祖

汉祖起丰沛，乘运以跃鳞。
手奋三尺剑，西灭无道秦。
十月五星聚，七年四海宾。
高抗威宇宙，贵有天下人。
忆昔与项王，契阔时未伸。
鸿门既薄蚀，荥阳亦蒙尘。
虮虱生介胄，将卒多苦辛。
爪牙驱韩彭，腹心谋张陈。
赫赫西楚国，化为丘与榛。

——唐·王珪

的百姓都怨恨项王。如今大王若要起兵向东，攻打秦地，只需要一声号令就可以收服。"刘邦听了大喜，这才感觉到与韩信相见恨晚。从此，刘邦对韩信言听计从，并着手部署回军关中的计划。

还定三秦

在齐地田荣兼并三齐的时候，刘邦也在汉中为回师关中、攻袭三秦做着准备。韩信建议，可以利用将士思念家乡、希望东归的心情，东进以争夺天下。韩信对刘邦说："项羽将有功的将领封为王，唯独把大王封在南郑（今陕西汉中），这是贬谪。我们的军队和官吏都是山东人，日夜盼望东归。正该利用这种锐气，不如此时东向出兵，夺取天下。"

汉王刘邦元年（前206年）八月，刘邦趁着项羽征战田荣的机会，出南郑攻打关中。刘邦采用韩信的建议，引兵从故道出，攻打陈仓（今陕西宝鸡境内）。章邯从废丘（今陕西兴平东南）率领军队增援陈仓，被汉军击败，逃跑到废丘、好峙（今陕西乾县东）。接着，汉军又在壤东（今陕西武功东南）、好峙两度大败章邯的军队，俘虏章邯的手下大将章平，进而在废丘包围了章邯的残部。尔后，连续作战，一举击破章邯、司马欣和董翳的军队，塞王司马欣、翟王董翳被迫向刘邦投降。之后的几个月，刘邦迅速占领关中大部，夺取了函谷关及其以西的地区。

刘邦在关中颁布了一系列顺应民心的法令，巩固了自己的政治地位，增强了自己的军事和经济力量。

河北鹿泉抱犊寨韩信祠征战壁画
韩信是西汉开国功臣，中国历史上杰出的军事家，是中国军事思想"谋战"派代表人物，被萧何誉为"国士无双"。

▶前204年

汉王军荥阳南，筑甬道属之河，以取敖仓。与项羽相距岁余。项羽数侵夺汉甬道，汉军乏食，遂围汉王。汉王请和，割荥阳以西者为汉，项王不听。

——《史记·高祖本纪》

荥阳之围

刘邦还定三秦后，向东进军，自此，反秦斗争已经完全转化为诸侯王之间的争斗，刘邦和项羽由此开启了长达五年的楚汉之争。刘邦兵围荥阳，缺乏食物，面对咄咄逼人的楚军精兵，刘邦只能使用计谋脱身。而这之后，楚汉之间的争斗变得更为激烈残酷。

时间
前204年

战场
彭城（今江苏徐州）、荥阳（今河南郑州西北）

双方兵力
汉：56万人
楚：精兵3万

双方指挥官
汉：刘邦、韩信、张良
楚：项羽

结局
刘邦在彭城战败，兵困荥阳

彭城之战

刘邦平定三秦之后，汉军东出，拉开了楚汉战争的序幕。

项羽攻打齐国之时，闻知刘邦已经占领了汉中各地，封原来的吴县县令郑昌为韩王，在阳夏（今河南太康）阻击汉军。刘邦派韩信来攻，韩王郑昌战败。刘邦出关，安抚了关外父老，并且礼遇了前来拜见的张耳，深得民心。立汉朝社稷后，刘邦从临晋（今陕西大荔东）过黄河，魏王豹率军随从，随即攻下河内（今河南辉县、武陟一带），俘获殷

画像砖拓片《车马出行》
位于江苏吴江市同里松石悟园秦汉六朝瓦甓馆内。

楚汉对阵壁画
位于河南郑州古荥镇纪信庙享堂内。

王司马卬，设置河内郡，后向南渡过平阴津，直抵洛阳。到达新城县（今高碑店市），刘邦从当地老乡口中得知义帝被项羽杀害的经过，刘邦袒臂大哭，悲痛至极，随即为义帝发丧，公祭三日。

不久刘邦以杀害义帝、大逆不道的罪名，通告各路诸侯共同讨伐项羽，刘邦宣布说："天下立帝，都称臣。现在项羽放逐义帝，又在江南杀害义帝，实在是大逆不道。我欲调动关内全部兵马，收附河南、河东、河内豪杰之士，追随各路诸侯，讨伐逆贼。"

此时项羽正在攻打齐国，战事胶着，田荣被杀，田横立田荣之子田广为齐王，又在城阳（今山东菏泽东北）反楚。项羽虽然知道刘邦东进，但认为当务之急是平定齐国之乱，想着打败齐军之后，再回军攻打刘邦。刘邦因此得以借诸侯之力，攻入彭城，收取楚国财货、珍宝美人，每日饮酒作乐。

项羽闻讯大怒，立即带3万精兵，绕道胡陵（今江苏沛县北），直逼萧县（今安徽萧县西北），与汉军在彭城、灵壁以东的睢水激战。汉军大败，伤亡惨重，睢水都被尸体堵塞，不能流通。

楚兵再度将汉军重重包围。突然大风刮起，天昏地暗，飞沙走石，折断大树，吹倒房屋，向楚军迎面扑来。楚军阵营大乱，溃不成军，刘邦才得以逃脱。刘邦彭城战败向西撤退时，派人寻找其家室，没有找到，只找到长子孝惠、长女鲁元，载着同行。为了躲避楚军的围剿，刘邦前后三次把孝惠、鲁元推落车下，每次滕公都下车抱起两个孩子坐回车上。滕公劝说刘邦，推下儿女于事无补，没必要抛弃子女。幸好刘邦

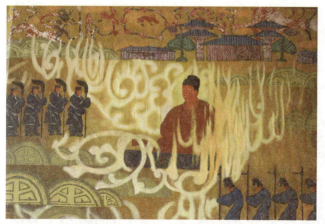

火烧纪信
纪信伪装成刘邦，吸引楚军的注意力，让刘邦顺利逃走，而自己却被项羽抓住烧死。图为河南郑州古荥镇纪信庙享堂壁画《火烧纪信》。

众人能及时逃脱。此时，项羽派人到沛县（今江苏沛县）掳走了刘邦的父亲太公、妻子吕氏，扣在军中作为人质。

当时，各路诸侯看到汉军溃败，而楚军强大，纷纷背汉归楚，塞王司马欣也偷偷潜回楚国。吕后的哥哥周吕侯率兵驻守下邑（今安徽砀山），刘邦到他那里，收聚散兵，驻扎在砀县（今安徽砀山南）。

荥阳之战

汉军驻扎荥阳南面，修筑甬道接通黄河，用以运输粮食。汉王刘邦三年（前204年），项羽屡次出兵侵夺汉军甬道，刘邦的军队缺乏粮食，被楚军围困。刘邦向项羽求和，要求割荥阳以西的地方给汉，项羽拒绝了。

刘邦听从了陈平的计策，以4万斤黄金，离间楚国君臣关系。项羽对亚父范增产生怀疑，夺去范增权柄。当时，范增劝项羽趁机攻下荥阳，看到自己不被项羽信任，非常气愤，就以年老为由，请求还乡，结果没有走到彭城就死了。

汉军粮尽，就趁着夜色让2000多名妇女披戴铠甲出东门，楚军从四面拦击，汉军将军纪信伪装成刘邦，乘着刘邦的车驾，高呼"城中食尽，汉王降"吸引楚军注意力。刘邦趁机带领数十名随从从西门逃跑，逃往成皋（今河南荥阳境内）。项羽发现受骗，把纪信烧死。

刘邦命令周苛、魏豹、枞公一道守卫荥阳，不能同刘邦同行的将领和士兵，也一起留在荥阳城。周苛、枞公不愿意与魏豹一同守城，于是刘邦就杀了魏豹。

刘邦逃出荥阳进入关中，收聚兵力，准备再次东进。袁生献计，游说刘邦，若从武关出兵，项羽必定率兵南行，君王可深沟高垒，坚守不战，让荥阳、成皋一带暂且得到休整。并派韩信等将领安抚赵地，联合燕国和齐国。在这之后，再进军荥阳。刘邦听从袁生之计，出兵宛县（今河南南阳）、叶县（今河南南阳及叶县南）之间，与九江王黥布一路收聚兵马。项羽随即追至，刘邦坚壁不战。

河南荥阳汉霸二王城间的古鸿沟

鸿沟即"广武涧",是楚汉相争的古战场。公元前203年,汉军趁项羽东击各地之机,出兵夺取成皋,后屯兵广武,阻楚西进。楚王项羽急忙率兵西来,亦屯兵广武,和汉军隔涧对垒,两军在此连番争夺,相持数月,最终因楚军缺粮,军心涣散,加上韩信也出兵击楚,项羽被迫与汉约和,以"鸿沟"为界中分天下。

前205年—前203年

汉王之出荥阳,南走宛、叶,得九江王布,行收兵,复入保成皋。

——《史记·项羽本纪》

成皋鏖兵

成皋之战,是楚汉战争中具有决定性意义的一场战役。它使楚汉之间的实力对比发生彻底改变,楚汉之争的规模也随之扩大,项羽的刚愎自用,为垓下之围埋下伏笔。

时间
前205年—前203年

战场
成皋(今河南荥阳境内)

对阵双方
汉军:刘邦、彭越;楚军:项羽

最终结局
两军相持不下

相关典故
分一杯羹

彭越的京剧脸谱

此时,彭越渡过睢水,与项声、薛公率领的楚军在下邳(今江苏邳州)交战,大败楚军。项羽率军东去攻打彭越,刘邦趁机北走,复取成皋。汉王刘邦四年(前203年),项羽打败彭越,率兵攻破荥阳,活捉周苛。项羽劝说周苛:"做我的将领,我任命你为上将军,封三万户。"周苛大骂项羽,项羽大怒,烹死了周苛,杀了枞公。

项羽进兵包围成皋。刘邦和滕公夏侯婴从成皋北门逃出,北渡黄河奔向修武,假扮成使者到张耳、韩信军营,获得了兵权。刘邦得到韩信的部队,想要渡黄河南进,被郑忠劝阻。刘邦在黄河北岸修筑营垒驻扎下来,并派刘贾率兵去增援彭越,烧毁了楚军的粮草。项羽再次被迫东击彭越,一路节节胜利,势如破竹,夺取陈留(今河南开封东南)、外黄(今河南民权境内)等十余城。

项羽继续东进,打败刘贾,赶跑彭越。刘邦此时趁机率领部队渡过黄河,水淹楚军,重新占领成皋,扎营西广武(今河南荥阳东北),就近取食敖仓的粮食。项羽东击彭越,大败刘贾,平定东方之后,回过头来西进,与汉军隔着广武涧对峙,在东广武扎营。两军各自坚守,持续了好几个月。

在这时,彭越屡次攻打楚国军队,断绝楚军粮食,项羽对此事非常忧虑。他命人做了一个高脚案板,把人质刘太公放到上面。以此威胁汉王,不投降就烹杀太公。刘邦说:"我和你曾经一起接受怀王的命令,结为兄弟,我的爹就是你的爹,你一定要煮杀你爹的话,请给我分一杯肉汤!"项羽大怒,欲杀太公。项伯规劝说:"今天下大事还没有定数,争天下的人根本不顾及家室,你杀了太公也于事无补,只是添乱罢了。"项羽便听从项伯,没有煮杀太公。

楚汉久久相持不下,不分胜负,项羽提出要跟刘邦单独决一雌雄,刘邦则列举项羽的十大罪状,说:"第一,违背先入关中者在关中为王的誓约,让我在蜀汉为王;第二,假托怀王之命,杀了卿子冠军宋义,自任上将军;第三,奉命援救了赵国,却擅自劫持诸侯的军队入关;第四,焚毁秦朝宫室,挖了始皇帝坟墓,私自收取秦地的财物;第五,杀掉子婴;第六,采用欺诈手段在新安活埋了20万秦兵,却封赏秦军的3个降将;第七,把各诸侯的将领都封在好地方,却迁移赶走原来的诸侯王,使得他们的臣下为争王位而反叛;第八,把义帝赶出彭城,自己在那里建都,又侵夺韩王的地盘,把梁、楚之地据为己有;第九,杀害义帝;第十,谋杀君主,杀害已经投降之人。你为政不公,不守信约,不容于天下,大逆不道。现在我带领义军和各路诸侯讨伐你这个罪人,那些受过刑的人就会杀掉你,还用我和你挑战吗?"

项羽十分恼怒,用事先埋伏好的带机关的箭射中了刘邦。刘邦伤在胸部,却按着脚说:"这个强盗射中了我的脚趾!"刘邦因受箭伤而病倒了,张良坚持请他起来出去巡视,慰劳部队,稳定军心,不让楚军胜利的气势压过汉军。刘邦同意,出去巡视军营,病情加重,立即赶回了成皋。

刘邦病愈后,西行入关,来到栎阳,慰问当地父老,杀了原塞王司马欣,把他的头悬挂在木杆上示众。刘邦在栎阳停留了4天,又回到军中,部队驻扎在广武。这时候,关中各路诸侯的军队出关参战的也增多了,大战一触即发。

项羽石刻雕塑

前203年

信使人决壅囊，水大至。龙且军大半不得渡，即急击，杀龙且。龙且水东军散走，齐王广亡去。信遂追北至城阳，皆虏楚卒。

——《史记·淮阴侯列传》

龙且之死

潍水之战中龙且不听进谏，居功自傲，自以为是，不仅使得军队士兵大半在水中淹死，也害了自己的性命。作为楚汉时期一场重要的转折性战役，齐楚的实力再次被削弱，楚汉之争的局势逐渐开始明朗化。

时间
前203年

战场
潍水（今山东潍河）

参战方
汉军、楚军、齐军

各方将领
汉军：韩信、曹参、灌婴
楚军：龙且；齐军：田横、田广

战果
汉军获胜，灭齐国，龙且被杀

历史影响
韩信平定齐地，封齐王，实力不断壮大；多人劝说，韩信仍维汉伐楚

田横平定齐国三年之后，刘邦派郦食其到齐国向齐王田广与丞相田横游说，希望其归顺汉朝。田氏认为此计可行，便放松了戒备，派使者与汉讲和。但韩信听从蒯通计策，突然出击，使齐军受到重创。田广、田横大怒，烹杀郦食其，逃往高密（今山东高密境内）。此时，楚国派来龙且带领军队支援齐国，两军在高密会师，大战一触即发。

汉王刘邦四年（前203年）十一月，龙且与韩信在潍水对阵。战前，人们劝龙且坚壁清野，"令齐王发使招所亡城郭"，逼汉军"无战而降"。龙且自恃军力雄厚，傲慢言曰："我深知韩信为人，很容易对付；况且来救齐王，若使他不战而降，我又有什么功劳？"

陕西汉中拜将台石碑
"拜将台"是汉王元年（前206年）刘邦受封"汉中王"屯军汉中，拜韩信为大将时举行仪式的"坛"（即《史记·淮阴侯列传》记载的"设坛场"的"坛"）。

淮阴侯

韩生沈骜非悍勇，
笑出胯下良自重。
滕公不斩世未知，
萧相自追王始用。
成安书生自圣贤，
左仁右圣兵在咽。
万人背水市书意，
独驱市井收万全。
功成广武坐东向，
人言将军真汉将。
兔死狗烹姑置之，
此事已足千年垂。
君不见丞相商君用秦国，
平生赵良头雪白。

——宋·黄庭坚

两军对阵，韩信军水西，龙且军水东。韩信派遣士兵以沙袋万余截断水流，后引军渡河，行至一半，佯败而逃。龙且不知是计，坚信"固知信怯也"，遂追渡水。龙且军渡水近半，韩信遣人撤去沙袋，大水漫延，龙且军队溃不成军。韩信大获全胜，杀了龙且。

韩信乘胜追击，全歼楚军，虏齐王田广、守将田光，击败齐相田横于嬴下，遂定齐地，并以"齐国狡诈多变，反复无常"为由，向刘邦申请做假齐王。刘邦拆书，大怒，大骂韩信，幸张良、陈平急踢其脚，刘邦遂改口道："大丈夫平定诸侯，要称王就做真的，怎么能做代理的呢？"于是便违心地遣张良拜韩信为齐王。

得知龙且已死，项羽大惧，派盱眙人武涉前往规劝齐王韩信。武涉言道："刘项争夺天下的胜败，举足轻重的是您。念及与项王的旧交情，为什么不反汉与楚联合，三分天下而自立为王呢？如今，放过这个时机，必然要站到汉王一边攻打项王，并不是一个聪明睿智的人所为！"

韩信感念刘邦对自己的信任，誓不背叛刘邦，严词谢绝项羽的盛情。齐国人蒯通得知此情，用看相的身份规劝韩信："您想投靠楚王，楚王不会信用您；您想回归汉王，汉王又感到畏惧。那么将军您凭着这么大的声望和功绩，能到哪里去安身呢？"

然而，韩信感激刘邦的知遇之恩，继续维汉伐楚。

韩信像

> 前204年

淮南王至，上方踞床洗，召布入见，布大怒，悔来，欲自杀。出就舍，帐御饮食从官如汉王居，布又大喜过望。于是乃使人入九江。楚已使项伯收九江兵，尽杀布妻子。布使者颇得故人幸臣，将众数千人归汉。

——《史记·黥布列传》

黥布背楚

项羽多次向九江王黥布调兵，黥布都以重病做托词，致使两人心生猜忌。刘邦使臣随何为黥布分析局势，又把黥布准备叛楚的事情公之于众。汉王巧施计谋，让黥布安心归汉。黥布叛楚归汉，楚汉实力更加悬殊，项羽众叛亲离，刘邦离他的天下越来越近了。

时间
前204年

游说者
随何

事情转机
随何用计，使黥布背楚之事败露

后果
项声、龙且攻淮南；项伯收复九江，黥布妻儿被杀

结局
黥布背楚归汉，刘邦立黥布为淮南王

黥布京剧脸谱
英布（？—前195年），又称黥布，六县（今安徽六安）人，秦末汉初名将，项羽封其为九江王，汉朝建立后封淮南王。

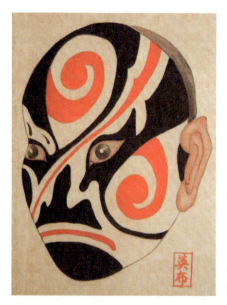

汉王刘邦二年（前205年），齐王田荣背叛楚国，项羽愤怒攻打齐国。项羽欲向九江王黥布征调军队，九江王黥布以重病为由，拒绝前往，只派将领带着数千人应征，敷衍项羽。刘邦在彭城（今江苏徐州）大败楚军，黥布仍以重病为由拒绝辅佐项羽。

项羽由此对黥布心生怨恨，屡次派使者前去责备黥布，召之前往，黥布愈加恐慌，更不敢见项羽。此时，北方的齐国、赵国对楚国构成威胁，西边刘邦起兵攻楚，只有九江王还没有反心，况且项王赏识黥布的才干，故而隐忍没有攻打他。

第二年，刘邦攻打楚国，在彭城一战中失利，被迫撤退。刘邦埋怨

身边亲近"不配共同谋划天下大事"。负责传达禀报的随何近前询问刘邦言语之意,刘邦说:"谁能替我出使淮南,让他们发动军队,背叛楚国,把项王牵制在齐国几个月,那样我便可顺利夺取天下了。"于是,随何请求出使淮南。

随何到达淮南后,等了三天也没能见到黥布,只得游说太宰说:"如被召见,我的话要是说得对呢,就正合大王之意;如果话说得不对,让我与随行躺在砧板之上,在淮南广场被斧头剁死。以表明大王背叛汉国、亲近楚国之心。"

黥布最终召见了随何。随何给黥布分析了现况处境,请求其提着宝剑归附汉国,承诺说:汉王一定会分割土地封赐大王。黥布暗中答应叛楚归汉,但不敢泄露秘密。

这时,正赶上楚使者在,请求黥布发兵。随何入内对楚国使者说:"九江王已经归汉,不会为楚国发兵。"黥布愕然,事情败露,只得杀了使者,起兵而攻楚。楚国派遣项声、龙且攻淮南。几个月后,龙且击破黥布军队。黥布欲引兵归汉。

黥布见刘邦时,刘邦正坐在床上洗脚。黥布大怒,后悔自己的行为,恨不得自杀。但是进入自己的住处,发现衣食起居如汉王一样奢华,于是大喜

汉高皇濯足气英布
明万历时期刊本《元曲选》插图。写楚汉争霸时,刘邦招降英布的故事。刘邦召见英布,但是刘邦完全没有做好谈话的准备,无礼地坐在床上洗脚。英布见状,怒火燃胸,后悔前来,想要自杀。英布到刘邦为他准备的住处,见到帐幔、用器、饮食、侍从官员一如刘邦那么豪华,喜出望外,又打消死意。

过望。

项羽已派遣项伯收复九江,杀了黥布的妻儿。黥布派去的人带着他的故友宠臣等数千人一同归汉,被刘邦立为淮南王。

前203年

> 项王乃与汉约，中分天下，割鸿沟以西者为汉，鸿沟而东者为楚。项王许之，即归汉王父母妻子。
>
> ——《史记·项羽本纪》

鸿沟之盟

鸿沟结盟后，项羽未退至安全地带就将刘邦的父亲与妻儿释放。一纸盟约，如何能约束一颗蠢蠢欲动的帝王之心？

之前局势
汉军士气正盛，粮草充足；楚军萎靡疲惫，粮食告绝

劝说项羽缔约者
陆贾、侯公

合约地点
鸿沟（今河南中牟境内）

合约双方
项羽、刘邦

合约内容
以鸿沟为界，以西归汉，以东归楚；释放刘邦家眷

刘邦立韩信为齐王后，项羽派人游说韩信，最终还是失败了。这时，彭越回到了梁地，断了楚军的粮草。项羽决定先平定梁，再回成皋，并嘱咐海春侯曹咎等人说："你们要谨慎守住成皋，如果汉军想挑战，切记不要和他们交战，只要阻止他们不让其东进就好了。"项羽承诺15日之后再回来与众将士会合。

项羽带兵一路攻打陈留（今河南开封东南）、外黄（今河南民权境内）两地。外黄地区的人民不归顺，抵抗了几天才投降。项羽攻占外黄之后，命令把15岁以上的男子带到城东，坑杀以解心头之恨。

外黄县令有一位门客，其子年满13岁，他游说项羽说："彭越强行劫持外黄，外黄人非常恐惧，所以只能暂时投降，等待大王到来。大王来了，却要全部坑杀，这让百姓如何有归顺之心呢？由这里向东，梁地十多个城池的人都会恐惧项王，不愿归附了。"

项羽认为他的话有道理，于是赦免将要被坑杀的外黄男子。向东

江苏宿迁项羽故里的项羽塑像

进军直到睢阳（今河南商丘南），睢阳百姓听说了这个情况，都争先恐后要归顺项羽。

身在睢阳的项羽，得到了成皋传来的信息。原来果如项羽所料，汉军多次向楚军挑衅，逼其迎战。汉军派人辱骂楚军，连续五六天，大司马曹咎忍无可忍，派兵渡汜水。军队刚有一半渡过汜水时，埋伏的汉军出击，楚军大败，并且被抢去了全部物资。项羽马上带回军队，正赶上汉军把楚将钟离眜包围在荥阳东边，汉军看项羽率军赶到，害怕楚军，于是逃入附近山地。

此时，汉军士气正盛，粮草充足，楚军士卒萎靡疲惫，粮食告绝。龙且率领的大军被韩信所破，受到重创，加上彭越的骚扰，使得楚军非常被动。刘邦看准了形势，派遣陆贾劝说项羽放回太公等人，项王不允。刘邦继而派出了侯公继续劝说项羽，项羽最终决定与刘邦平分天下，以鸿沟为界，以西归汉，以东归楚，并且立即释放了刘邦家眷。

鸿沟是中国的古运河名，约战国魏惠王十年（前360年）开凿的联结黄河与淮河的运河。故道从今河南荥阳北引黄河水，东流经过今中牟县北，又东经过今开封市北，转折向南经通许县东、太康县西，至淮阳县东南入颍水。

侯公立此大功后，被封为平国君，此后刘邦却把他藏匿起来，不再与他见面。刘邦评价："侯公是天下的善辩之士，他待在哪国，哪国就会倾覆，所以才封他为平国君。"

鸿沟之盟后，项羽遵守条约带上队伍罢兵东归了。

鸿沟对峙彩塑

前202年

项羽解而东归。汉王欲引而西归,用留侯、陈平计,乃进兵追项羽,至阳夏南止军,与齐王信、建成侯彭越期会而击楚军。

——《史记·高祖本纪》

利诱诸侯

单靠一颗雄心支持不起图谋天下的霸业,战略眼光的缺失使自负的项羽在失败的道路上渐行渐远。没了人质羁绊的刘邦,翻脸撕约,以封王分地允诺诸侯,发动了一场战争。

出谋划策者
张良、陈平

事由
诸侯背约,楚军大败汉军

劝说诸侯
韩信、彭越等

诱惑
分封土地

结局
诸侯会师垓下

秦·轨敦
现藏于北京故宫博物院。

鸿沟之盟后,刘邦准备西归。此时,张良、陈平向刘邦进言:"如今汉已占有大半个天下,诸侯都归附于汉,而楚国兵疲粮尽,这是灭楚的大好时机。应该一举歼灭,不可放虎归山。"刘邦采取了张良、陈平的计策,出兵追赶项羽。

汉五年(前202年),刘邦至阳夏(今河南太康)南面让部队驻扎下来,与淮阴侯韩信、建成侯彭越相约,共同攻打楚军。汉军到达固陵(河南淮阳西北),韩信、彭越的部队并没有如约前来会合。楚军大败汉军,刘邦被迫逃回营垒。

刘邦询问张良,诸侯不遵守约定要如何应对。张良言道:"楚军大破之日就在眼前,韩信和彭越二人还没有封地,所以他们自然不来会合。君王如果能与他们共同分享天下,他们便能立刻前来。如果不这么做,事情就不能预料了。您如果把从陈县以东到海滨一带地方都封给韩信,把睢阳以北到穀城的地方封给彭越,使他们各自为战,那样楚军就容易打败了。"

刘邦同意了张良的建议,派使者告诉韩信、彭越,楚军大败后,会给他们广大封地。韩信、彭越立即出兵对抗楚军。韩信从齐国出兵,刘贾率领部队从寿春与韩信同时进发，屠戮了城父（今安徽涡阳），到达垓下（今安徽灵璧东南）。楚国大司马周殷归汉，以舒县的兵力屠戮了六城，然后发动九江兵力，会师垓下。

项羽十八诸侯表

国名	君主姓名	在位时间	灭国者	都城	领土范围
西楚	项羽	前206年—前202年	刘邦	彭城	梁地二郡与楚地七郡
汉	刘邦	前206年—前202年	—	南郑	巴郡、蜀郡、汉中郡
九江	英布	前206年—前196年	刘邦	六、寿春	九江郡
雍	章邯	前206年—前205年	刘邦	废丘	咸阳以西。陇西郡、北地郡、内史郡西部
塞	司马欣	前206年—前204年	刘邦	栎阳	咸阳以东至河。内史郡东部
翟	董翳	前206年—前204年	刘邦	高奴	上郡
西魏	魏豹	前206年—前204年	韩信	平阳	河东郡
河南	申阳	前206年—前206年	刘邦	洛阳	河南郡
韩	韩成	前206年—前206年	韩信	阳翟	故韩地。颍川郡
殷	司马卬	前206年—前205年	刘邦	朝歌	河内郡
常山	张耳	前206年—前202年	陈余	襄国	故赵地。桓山郡、钜鹿郡、邯郸郡
代	赵歇	前206年—前206年	韩信	代	代郡、雁门郡、云中郡
衡山	吴芮	前206年—前202年	—	邾	衡山郡
临江	共敖	前206年—前204年	—	江陵	南郡
燕	臧荼	前206年—前202年	汉	蓟	辽东郡、辽西郡、右北平郡
辽东	韩广	前206年	臧荼	无终	渔阳郡、上谷郡、广阳郡
胶东	田市	前206年	田荣	即墨	胶东郡
齐	田都	前206年—前206年	田荣	临淄	临淄郡、琅邪郡
济北	田安	前206年—前202年	田荣	博阳	济北郡

> 前202年

项王军壁垓下，兵少食尽，汉军及诸侯兵围之数重。

——《史记·项羽本纪》

垓下绝唱

被围垓下，四面楚歌，项羽将一腔愤怒与英雄失路托身无所的悲情化变为一场临终的表演，自认愧对江东父老，乌江自刎。项羽兵败，标志着楚汉战争的结束，中国历史又一次开始了王朝的更迭。

时间
前202年

最终的战场
垓下（今安徽灵璧东南）

对阵双方
汉军：刘邦、韩信；楚军：项羽

兵力对比
韩信：30万
楚军：10万
诸侯：其他兵力不详

结局
项羽战败，楚地归附刘邦

相关典故
四面楚歌、霸王别姬、乌江自刎

历史影响
楚汉之争结束，刘邦称帝，建立汉朝

四面楚歌

汉高帝五年（前202年），刘邦和诸侯军共同进攻楚军，决战垓下。韩信率领30万大军与楚军正面对阵，其部将孔将军攻楚军左，费将军攻楚军右。刘邦领兵随后，绛侯周勃、柴将军跟在汉王的后面。各路诸侯围困项羽10万大军。

韩信首先向楚军发难，出师不利。孔将军、费将军从左右两边进攻楚军，楚军招架不住，此时韩信乘势再次攻打，大败楚军于垓下。

项羽军队被汉军和各路诸侯兵围困在垓下，兵困粮尽，处境非常艰难。深夜，汉军在四围唱起了

《韩信九里山十面埋伏》年画
韩信率诸侯兵，与西楚霸王项羽大战于九里山，设下十面埋伏，围困项羽于垓下。

楚地的民歌，项羽听到大惊失色，说："难道楚地已经被汉军完全占领了吗？为什么有这么多楚国人呢？"项羽睡不着起身，借酒消愁。项王帐中有一美女，名唤虞姬，受到项羽的宠幸，一直留在身边；项羽还有一匹宝马名骓，随着项羽四处征战，项羽十分看重。

近现代·谢闲鸥·垓下之战（局部）

这个时候，悲从中来，项羽自己作诗吟唱："力量之大能搬动大山啊！英雄气概可超压当世，时势对我不利啊！骏马不能驰骋疆场。骏马不能奔驰啊！该如何是好，虞姬，虞姬啊！我怎样安排你才妥善呢！"项羽反复吟唱了几遍，虞姬也在一旁附和。项羽声泪俱下，虞姬和左右侍从也跟随着落泪，大家都低着头，没有人有勇气抬头看项羽。

东城快战

这时，项羽放下悲痛，决定殊死一搏，率领800多名骑兵，趁夜间汉军疏于防范，突破重围，飞驰向南。接近天亮时，汉军才发现项羽逃走，于是命令骑将灌婴率领5000骑兵去追赶。项羽渡过淮河，只剩100多个部下了。逃至阴陵（今安徽凤阳南），项羽军队迷路了，向农夫问路，农夫竟然骗他们向左边走。项羽不知实情，向左继续败逃，陷入了大沼泽地，耽误了行程，被汉军追上了。

无奈之下，项羽带兵向东逃跑，到达东城，这时只剩下28个随从。后面追赶的汉军有几千人，项羽思量自己逃脱无望，于是对骑兵说："起兵至今已经过去8年了，我亲自参与了70多次战役，想要阻挡的敌人都被打垮了，想要攻打的敌人也没有不投降的，所以才能称霸天下。没想到今天会被困在这里，是天要亡我啊，并不是我作战的问题啊！"项羽决心战死，率领部下要和汉军痛痛快快地打一仗，立誓冲破重围，斩杀汉将，砍倒军旗，证明自己作战没有问题，成败皆因天意。

项羽把骑兵分成四队，向四个方

向进攻。项羽军队被汉军重重围困，项羽对骑兵们说："让我来给你们拿下一员汉将！"他命令将士们驱马奔驰，以山的东面为目的地，分三个地点集合。项羽高声呼喊着冲向汉军，所向披靡。汉军被杀得溃不成军。项羽骁勇，杀了一名汉军。

这时，赤泉侯杨喜担任汉军骑将，追赶项羽，项羽怒目圆睁，大声呵斥他，杨喜竟然连人带马都受到了惊吓，倒退了好几里。项羽成功与他的骑兵在三处会合了。汉军不能判断项羽的去向，于是兵分三路，再次包围了项羽军队。项羽再次驱马冲向汉军，斩杀一名汉军都尉，杀死有百八十人，项军仅损失了两个人。项王向骑兵们炫耀，骑兵们都敬服地说："正像大王说的那样。"

乌江自刎

这时，项羽想要东渡乌江（今安徽和县境内）。乌江亭长正停船靠岸在那里等项羽，他对项羽说："江东虽然不大，但是土地绵延也有千余里，有数十万人口，也够您称王了。请大王抓紧时间渡江吧。现在只有我这里有船，即使汉军赶到，也没办法渡江。"

项羽苦笑一下，言天要亡我，渡江无益。江东子弟8000人渡江追随项羽西征，而如今没有一个跟着回来，项羽感觉愧对江东父老，无颜渡江。项羽看渡船老者老实忠厚，于是把与自己征战五年的战马送与老者。并且命令为数不多的骑兵都下马步行，手持短刃与汉军殊死一搏。

这一战中，仅项羽一人就杀敌几百人，同时自己也多处负伤。项羽回头正看到汉军骑司马吕马童，对他说："你不是我的老相识吗？"吕马童这才认出项羽，于是告诉王翳这就是项羽。

项羽说："听说汉王重金悬赏征求我的头颅，我今天就把这份好处给你。"遂引颈自刎。王翳抢下项羽的头，其他汉军骑兵互相践踏，争抢项羽的躯体，场面混乱，竟然有几十人为此而死。

最后，郎中骑将杨喜，骑司马吕马童，郎中吕胜、杨武各得到项羽的一部分肢体。后来，五人到一

河南荥阳霸王城上乌骓铁马雕塑

乌骓，霸王项羽的座骑，是一匹黑马，通体黑缎子一样，油光放亮，唯有四个马蹄子部位白得赛雪。传说，项羽自刎于乌江边后，忠于主人的乌骓也自跳乌江而死。

表现项羽乌江自刎的现代浮雕

块把肢体拼合。因此,刘邦把项羽的土地分成五块:封吕马童为中水侯,封王翳为杜衍侯,封杨喜为赤泉侯,封杨武为吴防侯,封吕胜为涅(niè)阳侯。

平定天下

项羽已死,楚地全都归附了刘邦,只有鲁城(今山东曲阜境内)不降服,楚怀王曾封项羽为鲁公。刘邦本想率领大军屠戮鲁城,但是又为他们的恪守君臣之礼和忠义之心感动,于是拿着项羽的人头来规劝鲁人,鲁城遂降。鲁城投降后,刘邦按照鲁公这一封号的礼仪把项羽安葬在穀城。刘邦给他发丧,痛哭流涕。对项氏宗族各旁支,刘邦都没有屠杀。封项伯为射阳侯,桃侯、平皋侯、玄武侯都分封给项氏,刘邦赐其刘姓。

刘邦回师定陶(今山东定陶),夺了韩信的兵权。正月,诸侯及将相们共同拥立刘邦为皇帝。刘邦推辞,表示皇帝的尊号要贤能之人据之,自己承担不起这个尊号。大臣们纷纷劝导刘邦,以死相求,说:"大王从平民起事,诛伐暴逆,平定四海,统一天下,有功的分赏土地,封为王侯,如果您不称皇帝尊号,人们就会怀疑大王的封赏。"

刘邦几次辞让,实在推托不过了,才说:"如果大家都认为这样合适,那我就不再推辞,以国家为重吧。"数日后,刘邦在汜水北面称帝,是为汉高祖。

刘邦登基后,分封各路诸侯。义帝没有后代,无继承人,又因韩信对楚国风俗比较熟悉,遂封韩信为楚王,建都下邳（今江苏邳州南）。淮南王黥布、燕王臧荼、赵王张敖封号都不改变。其他有功之臣都得到了封地和封号。

天下平定后，汉高祖定都在洛阳。原临江王共驩誓死效忠项羽，反叛汉朝。卢绾、刘贾奉高祖之命围剿包围了共驩，久攻不下。数月之后共驩才投降，被带到洛阳，斩杀。

五月，作战士兵都被遣散回家。汉高祖针对士兵，试行了轻徭薄赋的政策，受到了士兵的拥护。各诸侯国的士兵在关中安家，则免除徭役12年；回家乡安家，则免除徭役6年，两种情况都由国家供养1年。

随后，汉高祖在洛阳设宴，酒宴上高祖问大臣，为何自己能得到天下，而项羽却失掉天下，请列位诸侯和将领以实相告。高起、王陵回答说："陛下傲慢而且好侮辱别人，项羽宅心仁厚善待别人。但陛下派人攻城略地，并不是占为己有，而是分封给功臣。而项羽嫉贤妒能，穷兵黩武，毫无诚信可言，有功之臣也得不到奖励。这就是他失天下的原因。"

汉高祖说："这只是其一，还有第二个原因。运筹帷幄，决胜于千里之外，我不及张子房；镇守国家，安抚百姓，保证运粮道路畅通，我不及萧何；统率百万大军，战无不胜，攻无不克，我不及韩信。这三个人皆是人中的俊杰，我能够信任任用他们，这就是我能够取得天下的原因所在。项羽有一位贤士范增却不任用，这就是他失败的原因。"

汉高祖本打算长期建都在洛阳，但齐人刘敬与留侯张良劝说他迁都关中，高祖便立即起驾，入都关中。六月，高祖大赦天下。

霸王别姬

秦·诏文陶量

1963年出土于山东邹城峄山镇邾国故城内,现藏于山东省博物馆。器物为2000毫升的秦代量器,筒形直口,平沿,腹壁斜直,平底,泥质夹砂灰陶,陶质坚硬。腹部外壁印有篆书秦诏文20行40字:"廿六年,皇帝尽并兼天下诸侯,黔首大安,立号为皇帝,乃诏丞相状、绾,法度量,则不壹,歉疑者,皆明壹之。"内底和口沿处分别钤印"骀"字戳记,应为制作陶量工匠的姓氏。

秦和孔雀帝国

秦·双獾纹瓦当

中国历史发展到战国时期，各诸侯国之间的对立和冲突更加剧烈，最终的结果只能是走向兼并而统一，这是战国大动荡的必然前途。

秦无疑担当起了历史的使命，秦王政成为注定留芳千古的人物。他于公元前246年即位，前238年亲政，"奋六世之余烈，振长策而御宇内"，先后灭掉其他六国，南取百越之地，以为桂林、南海、象郡，北却匈奴700里，使胡人不敢南下牧马。秦王政由此成为统一国家的元首，称始皇帝。

秦始皇最大的功绩便是消除了割据，统一了六国，使百姓免于战乱之苦，他自己也引以为荣。当丞相绾等人提出立诸子为王去镇守各地的主张时，始皇否定了。始皇转而同意廷尉李斯不封侯王的主张，他说："天下人都苦于连年战争无止无休，这都是因为有那些诸侯王。现在我倚仗祖宗的神灵，天下刚刚安定，如果又设立诸侯国，这等于是又挑起战争，想要求得安宁太平，岂不困难吗？"始皇这一决策符合历史发展的客观规律，对以后的历史具有深远的影响。

秦崇尚武力，对待人民血腥残酷，徭役繁重、赋税沉重，农民起义风起云涌。公元前210年秦始皇驾崩，次年农民起义爆发。公元前207年，秦历二世而亡。

与秦同时兴起的是南亚次大陆由旃陀罗笈多建立的孔雀王朝。公元前4世纪末旃陀罗笈多在摩揭陀建立了孔雀帝国，逐渐扩大疆域。到第三代君主阿

印度阿育王石柱上的狮子柱头

育王（约前273年—前232年）时期，除半岛南端以外，印度次大陆基本归于帝国版图。

阿育王统治时期是古印度史上空前强盛的时代。在整个印度文明发展进程中，阿育王的对外征服战争和随后的统治政策的调整，对印度文明的发展和传播做出了卓越的贡献。18岁时，阿育王被其父宾头沙罗委派为阿般提省总督，随后又被派去平定印度西北地区的人民起义，表现出卓越的治军才能。宾头沙罗王死后，阿育王为了夺得王位铲除了近百个兄弟姐妹。即位以后，阿育王既善于谋略又凶狠残暴，统一北印度以后，杀人无数，好似人间地狱。

征服羯陵伽事件在阿育王的对外战争中规模最大，影响最为深远。当时的羯陵伽位于恒河以南，海上贸易发达，富饶繁荣，这引起了阿育王的注意。前262年，阿育王发动对孟加拉湾沿岸羯陵伽国的远征，战争空前惨烈，血流成河，抓获俘虏达15万人，10万人被杀，还有很多无辜百姓死于战火。羯陵伽王国被征服后，印度历史上第一次形成了空前庞大的统一帝国。

而此时，阿育王的心态也发生了变化，战中目睹的悲惨景象，使他反思自己的行为，萌生悔过之意，此后的统治政策也发生了转变，由崇尚武功转向文治。阿育王开始笃信佛教，放下屠刀，对战争中大量人民的死亡表示忏悔，并把佛教推广到整个印度及国界以外地区，并促成这一世界性宗教的繁荣。阿育王以其无与伦比的伟大业绩，对印度文明历史产生了深远影响。

不过，孔雀帝国内各地区的民族差异较大，社会发展程度相差悬殊，很多部落和小城邦在帝国内实际处于半独立的状态。阿育王死后不久，帝国便四分五裂。孔雀王朝在摩揭陀一隅大约维持到公元前187年，之后被另一王朝所代替。

孔雀帝国和秦帝国虽然都如昙花一现，但是它们对其国家的历史影响深远。由于内部结构不同，两国以后的历史发展脉络也有差异。在印度，孔雀王朝解体以后，直到公元4世纪才有笈多王朝的局部统一局面形成；而在中国，秦亡后，紧接着出现的是两汉四百年大一统的局面。

旃陀罗笈多·孔雀像

旃陀罗笈多·孔雀（前340年—前298年），又称月护王、旃陀罗崛多，是印度孔雀王朝开国君主，于前320年至前298年间在位。

前221年—前206年

前213年 / 用丞相李斯议，下令焚书

前212年 / 坑杀方士、儒生460余人于咸阳；发隐宫、徒刑70万人造阿房宫和骊山陵

前210年 / 始皇巡游，七月，死于沙丘。李斯、赵高立始皇少子胡亥为二世皇帝。九月，葬始皇于骊山

前209年 / 七月，陈胜、吴广起义于蕲县大泽乡，旋入陈，陈胜称王，号张楚。九月，刘邦起兵于沛，称沛公。项梁与项羽起兵于吴。此后，齐、赵、燕、魏等六国后裔也纷纷起兵反秦

前208年 / 陈胜为御者庄贾所杀

前207年 / 项羽率军渡漳河救赵，于巨鹿大破秦军，是为巨鹿之战。赵高杀秦二世胡亥，立二世兄子子婴，贬号为秦王

前206年 / 十月，刘邦至霸上，秦王子婴降，秦亡

迦太基之战，罗马胜 / **前213年**

中外大事年表对比

- 前221年 / 秦灭齐，统一六国。秦朝开始
- 前220年 / 全国筑驰道，东通燕、齐，南达吴、楚
- 前219年 / 秦始皇东巡，封禅泰山，立石颂德
- 前216年 / 使黔首自实田，即令百姓自己申报土地
- 前215年 / 蒙恬率兵30万北攻匈奴
- 前214年 / 略取南越陆梁地，置三郡；蒙恬败匈奴，略取河南地；增筑长城，以御匈奴

- 前221年 / 第二次布匿战争，南叙利亚战争爆发
- 前220年 / 希腊学者阿基米德发明螺旋提水工具
- 前219年 / 利利俾之战，迦太基胜
- 前218年 / 第二次布匿战争开始，罗马帝国逐渐称霸西部地中海
- 前215年 / 第一次马其顿战争爆发
- 前214年 / 叙拉古战役中，阿基米德带领人们利用凹面镜烧毁罗马战舰而胜

少年中国史
Chinese History for Teenagers

创作团队

【项目策划】 尚青云简

【文稿提供】 王承帝　赵晓秋

【图片支持】 Fotoe.com　Wikipedia
　　　　　　郝勤建　秋若云　堂潜龙